ÉTAPES D'UN TOURISTE en France

PROMENADES ET EXCURSIONS

DANS

LES ENVIRONS DE PARIS

PAR

ALEXIS MARTIN

RÉGION DU SUD

III.

Dourdan et la Vallée de l'Orge
Arpajon. — Montlhéry. — Longjumeau. — Corbeil
De Seine-Port à Villeneuve-Saint-Georges
La forêt de Sénart.

Avec 38 gravures et 3 cartes dont 2 coloriées

PARIS
A. HENNUYER, IMPRIMEUR-ÉDITEUR
47, RUE LAFFITTE, 47

LES

ÉTAPES D'UN TOURISTE EN FRANCE

COLLECTION PUBLIÉE PAR

A. HENNUYER, IMPRIMEUR-ÉDITEUR

47, Rue Laffitte, Paris.

La facilité des communications a rendu possibles et fréquents des voyages qu'on ne songeait point à entreprendre autrefois. Non seulement les visiteurs affluent à Paris de tous les points du monde, non seulement le moindre port de mer est envahi chaque année par de nombreux citadins, mais encore toutes nos provinces sont explorées et toutes nos villes sont visitées par de nombreux touristes.

Qui dit touriste dit curieux. En voyage on veut à la fois voir et savoir. L'excursionniste ne se contente pas de spectacles nouveaux, il veut encore conserver un souvenir des pays parcourus.

Un grand nombre de guides ont été rédigés pour renseigner les voyageurs. Ces livres, forcément renfermés dans leur rôle d'indicateurs, ne sauraient conséquemment devenir des livres de bibliothèque.

Nous avons donc créé une collection qui, tout en conservant l'utilité pratique des guides, offre l'attrait d'une lecture attachante, et dont les volumes, après avoir été d'agréables compagnons de voyage, rappellent les excursions accomplies et les impressions ressenties.

D'un format portatif, illustrés de nombreuses gravures exécutées d'après des dessins pris sur nature par nos premiers artistes, ornés de vues panoramiques, de cartes et de plans coloriés, tous les volumes de la collection des *Étapes d'un touriste en France* ont été écrits par des auteurs ayant un égal respect de leur plume et de leurs lecteurs et connaissant bien les contrées qu'ils se sont chargés de visiter et de décrire.

VOLUMES PUBLIÉS DANS LA COLLECTION

MARTIN (ALEXIS). **Paris,** *promenades dans les vingt arrondissements.* Un fort volume in-16 de XVI-528 pages, avec 61 gravures hors texte d'après les dessins de nos meilleurs artistes, et 21 plans coloriés, dressés et gravés par E. Morieu. *Deuxième édition.* — Prix : relié toile, 10 fr.

— **Tout autour de Paris,** *promenades et excursions dans le département de la Seine.* Un volume in-16 de XXIV-317 pages, illustré de 20 dessins hors texte, de 2 vues panoramiques et de 5 cartes et plans coloriés. Prix : relié toile, 7 fr. 50.

— **Promenades et Excursions dans les environs de Paris.** *Région de l'Ouest.* Un volume in-16 de 512 pages, illustré de 109 gravures dont 51 hors texte, 2 vues panoramiques, 7 cartes et plans coloriés. Prix : relié toile, 10 francs.

— **Promenades et Excursions dans les environs de Paris.** *Région du Nord.* Un volume in-16 de 560 pages, illustré de 156 gravures dont 50 hors texte, 2 vues panoramiques, 6 cartes et plans coloriés. Prix : relié toile, 10 francs.

— **De Paris au Tréport par Amiens.** Un volume in-16 illustré de 51 gravures par F. Hoffbauer et F. de Montholon et 3 cartes. Prix : relié toile, 5 francs.

ADENIS (J.) **De Marseille à Menton.** Un volume in-16 de 400 pages, illustré de 33 gravures d'après les dessins de Boutigny, Charpin, F. de Montholon et A. Deroy, de deux vues panoramiques et de deux cartes dressées par Morieu. — Prix : relié toile, 7 francs.

ANDREI (A.). **A travers la Corse.** Un volume in-16, illustré de 37 gravures, d'après les dessins de F. de Montholon, avec carte et plans dressés et gravés par E. Morieu. *Deuxième édition.* — Prix : relié toile, 6 francs.

BEISSIER (FERNAND). **Le Pays d'Arles.** Un volume in-16, avec illustrations et carte, cartonné, 2 fr.

PORCHER (JACQUES). **Le Pays des Camisards.** *La Margeride, les Cévennes, les gorges du Tarn, les causses.* Un volume illustré de 46 gravures dont 18 hors texte, par F. de Montholon, A. Deroy et A. Charpin, avec carte coloriée. Prix : relié toile, 5 fr.

TREBUCHET (LÉON). **Belle-Isle-en-Mer.** *Deuxième édition.* Un volume in-16, avec illustrations et carte, cart., 2 fr.

— **La Baie de Cancale.** *Deuxième édition.* Un volume in-16. avec illustrations, cart., 2 fr.

— **Les Baies de Saint-Malo et de Saint-Brieuc.** Un volume in-16, illustré de 54 gravures par Deroy, F. de Montholon, Hoffbauer et H. Saintin, avec deux cartes coloriées. — Prix : relié toile : 5 francs.

PROMENADES ET EXCURSIONS

DANS

LES ENVIRONS DE PARIS

RÉGION DU SUD

GRAVURES HORS TEXTE

CARTES.

AVERTISSEMENT

Les trois excursions contenues dans ce fascicule complètent le voyage entrepris au midi de la capitale.

La première a pour objet la visite de Dourdan, une vieille ville qui tend à se moderniser, tout en respectant les monuments de son passé dont l'histoire offre un intérêt soutenu ; Dourdan, qui sera le point de départ de l'exploration du vallon de Saint-Chéron, de la vallée de l'Orge et de cette suite non interrompue de localités curieuses depuis Saint-Sulpice-de-Favières et sa magnifique église jusqu'aux châteaux de Baville, du Marais, de Rhué ; depuis Arpajon, joyeux et frais village, jusqu'à Montlhéry, plein de souvenirs et sommeillant à l'ombre de sa vieille tour; depuis Marcoussis, rappelant la mémoire des Balzac d'Entragues, jusqu'à Savigny-sur-Orge, où nous retrouvons celle d'Agnès Sorel; depuis Longjumeau, vieille seigneurie au parfum d'opéra-comique, jusqu'à Vaucluse, où Louis XVIII passa des heures joyeuses dans sa jeunesse et qui, déchu de son aspect seigneurial, mais considérablement agrandi, est aujourd'hui un asile de déments.

Cette excursion nous a conduit jusqu'à Chilly-Mazarin, presque sur la limite du département de la Seine; dans la suivante, nous reprenons notre marche vers le midi, nous remontons la rive gauche du fleuve. Nous passons par Villeneuve-le-Roi, village autrefois seigneurial; par Ablon, où vécut Sully et qui fut, tant que l'édit de Nantes demeura en vigueur, un lieu de refuge pour les protestants et aussi, bien avant la création des magasins et des caves de Bercy et du quai Saint-Bernard, le siège de l'entrepôt des vins que consommait la capitale.

Après avoir passé par Juvisy, où M. Camille Flammarion fait maintenant ses observations astronomiques, au lieu même où Napoléon apprit en 1814 la reddition de Paris; après avoir visité Châtillon-Viry, Ris, Petit-Bourg, nous arriverons à Corbeil, où nous retrouverons, auprès de vieux monuments, quelques grands souvenirs historiques et ces magnifiques grands moulins dont le fonctionnement continu transforme chaque jour en farine 300 000 kilogrammes de blé. Près de là, à Essonnes, pays depuis bien longtemps occupé de la fabrication du papier, nous visiterons encore la grande papeterie dont la monumentale cheminée domine tout le paysage, dont les bâtiments couvrent une superficie de 100 000 mètres carrés, centre industriel qui occupe 2 000 ouvriers et jette sur la place, chaque jour, 100 000 kilogrammes de ses produits.

Pour regagner Paris, nous n'aurons plus après cela, et ce sera l'objet de notre dernière excursion, qu'à suivre à peu près le cours de la Seine sur sa rive droite. Nous traverserons alors une suite de gais et riants villages admirablement situés, Seine-Port, Saintry, Étiolles, Champrosay, qui sera l'occasion d'une promenade dans la forêt de Sénart ; nous verrons ensuite Draveil, Vigneux, Yères et la jolie rivière qui l'arrose, et, après avoir exploré Villeneuve-Saint-Georges, nous ferons dans ses environs une dernière promenade qui terminera notre voyage.

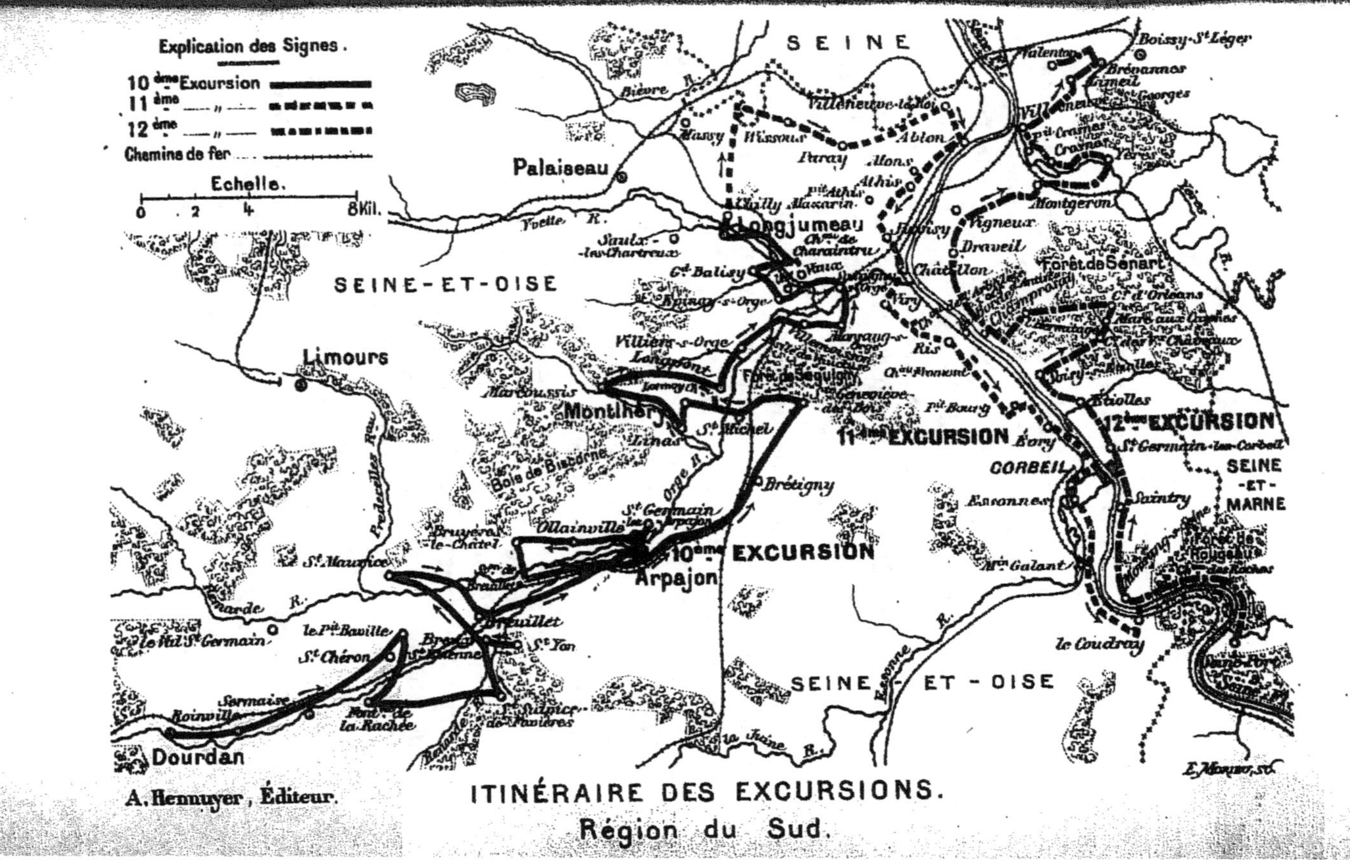

A. Hennuyer, Éditeur.

ITINÉRAIRE DES EXCURSIONS.
Région du Sud.

DOURDAN

ET

LA VALLÉE DE L'ORGE

ITINÉRAIRE

Dourdan : château, église Saint-Germain, le parterre, mairie, hôpital, école primaire supérieure professionnelle, cimetière, château de l'Ouye ; **Roinville** ; **Sermaise**; **Saint-Chéron** : le Tertre, vallon de Saint-Chéron, fontaine de la Rachée, château et parc de Baville, buttes Saint-Nicolas et Sainte-Catherine, maison de Segrès; **Saint-Sulpice de Favières** : église; **Breux-Saint-Étienne**; **Saint-Yon** : vieille porte, château du Marais; **le Val-Saint-Germain** ; **Saint-Maurice** : château de Courson-l'Aunay; **Breuillet**; **Arpajon** : hôtel-Dieu, bibliothèque publique, hôtel de ville, église Saint-Clément ; **Saint-Germain-lez-Arpajon** : église, château de Chanteloup, château d'Ollainville, croix du siège ; **Ollainville** : château de Rhué, château de Morionville; **Bruyères-le-Châtel** : menhirs, château, chapelle Notre-Dame, église Saint-Didier; **Brétigny** : église Saint-Pierre; forêt de Séquigny; **Sainte-Geneviève-des-Bois** : mairie, écoles, église, cimetière; **Saint-Michel** : église Saint-Michel, château de Lormoy ; **Montlhéry** : tour de Montlhéry, réservoir, butte de Montlhéry, église de la Sainte-Trinité, hôtel-Dieu, porte Baudry; **Linas** : église Saint-Merry ; **Marcoussis** : mairie, écoles, église Sainte-Marie-Madeleine, château ; **Longpont** : église Notre-Dame, la Maison Rouge; **Villiers-sur-Orge** ; château de Villebouzin, asile de Vaucluse ; **Villemoisson** ; **Morsang-sur-Orge** : château ; **Savigny-sur-Orge** : château, mairie, église Saint-Martin, maison Vieille-Rue, viaduc ; **Épinay-sur-Orge** : église Saint-Leu-Saint-Gilles; château de Chareintru ou de Sillery, Engelthal; **Balisis** ; **Longjumeau** : *le Postillon de Longjumeau,* mairie, bibliothèque, société d'encouragement à l'instruction, église Saint-Martin, tannerie Robelin, prieuré de Saint-Éloi ; **Chilly-Mazarin** : restes du château, église Saint-Étienne.

DIXIÈME EXCURSION

Dourdan.

Le train qui d'Auneau se rend à Dourdan stoppe en route à proximité de quelques villages dont la visite ne présente aucun intérêt ; nous ne nous y arrêterons donc pas et, tout en roulant, nous vous entretiendrons de la ville où nous vous conduisons. Vous en saurez l'histoire quand vous toucherez son sol.

Dourdan, *Dordanum,* est, sans doute, d'origine gallo-romaine et appartint à la monarchie dès les temps les plus anciens de notre histoire. Son château, dont nous visiterons les restes tout à l'heure, fut bâti par Philippe-Auguste en 1220 sur l'emplacement d'un palais que Charles-Martel, Hugues le Grand, père de Hugues Capet, Louis VI et Louis VII avaient successivement habité. L'histoire de cette ville est assez bizarre et passablement compliquée; nulle plus qu'elle, dans la région que nous visitons, ne changea de propriétaires, nulle aussi ne servit plus souvent de gage aux emprunts contractés par les rois de France.

Essayons de résumer ces faits. Donné en 1240 par saint Louis à sa mère Blanche de Castille, à titre de douaire, Dourdan, en 1307, passa au comte d'Évreux, frère de Philippe le Bel; Charles, second fils du comte, en hérita, mais il mourut sans postérité, et le duc d'Anjou, en 1381, puis le duc de Berry, en 1385, en devinrent les maîtres. Le duc de Berry céda le domaine à Charles VI, qui le vendit presque aussitôt à son frère Philippe le Hardi, duc de Bourgogne. Lorsque ce dernier mourut en 1404, son fils, Philippe le Bon, revendiqua l'héritage sur lequel, de leur côté, le roi et le duc de Berry élevèrent des prétentions. Après de longues années de négociations et de pourparlers qui n'aboutirent point à une entente, Philippe mit le siège devant la ville et s'en empara. Ceci nous amène à l'année 1435; le traité d'Arras venait d'être signé, Charles VI réclama la seigneurie de Dourdan, le duc de Bourgogne refusa de la rendre, elle fut alors mise sous séquestre et confiée à la garde de Jean de Nevers.

Cette situation se prolongea paisiblement pendant onze années, puis le procureur général au Parlement de Paris ayant revendiqué Dourdan comme bien de la couronne, un procès s'engagea; les procès étaient déjà longs en ce temps, celui-ci dura vingt-six années et fut définitivement gagné par le roi Louis XI qui, fortement endetté alors, dut se résigner à consigner le domaine entre les mains d'un de ses créanciers, le riche bourgeois Gobache, garantissant ainsi les sommes qu'il lui devait. Au cours de l'année 1484, Charles VIII parvint à effectuer le remboursement, mais la seigneurie néanmoins ne tarda pas à changer encore une fois de maître. Louis XII, quelques mois avant sa mort, vendit 80 000 livres — prix dérisoire — Melun, Corbeil et Dourdan à l'amiral Louis Mallet de Graville, qui, comprenant l'importance de Dourdan, eut la gracieuseté de le léguer au roi Henri II, mais celui-ci, gêné encore, le donna en nantissement d'un prêt à François de Lorraine, duc de Guise. Plus tard, sous Henri III, les terres furent de nouveau, et pour le même motif, engagées à Nicolas Harlay de Sancy. Les huguenots prirent et pillèrent deux fois la ville en 1562 et en 1567; puis, Henri IV, à qui elle resta par droit de conquête, ne voulant pas la faire mentir à sa destinée, l'engagea contre espèces à son ami le duc de Sully. Racheté par Louis XIII, dès la première année de son règne, le domaine passa à la maison d'Orléans et faisait encore en 1789 partie de ses biens.

Outre les sièges dont nous avons parlé, Dourdan, mal gouverné par ses possesseurs passagers, exploité par les financiers qui le détenaient accidentellement, insuffisamment défendu toujours, subit encore plusieurs attaques dont on a gardé le souvenir. Les principales sont le siège suivi de pillage de 1411, l'invasion des Anglais commandés par Salisbury en 1428, enfin la prise de la ville par les troupes royales du maréchal de Biron en 1591. Ce siège demeure le plus célèbre de ceux que la ville a subis. La place fut si vaillamment défendue par un ligueur nommé Jacques, que Biron, vainqueur, ne put se dispenser de l'autoriser à se retirer avec les honneurs de la guerre. Sous la Fronde, Dourdan appartenait à Gaston d'Orléans; il dut à cette circonstance le bonheur de voir passer l'orage sans en souffrir. Pourquoi faut-il que de plus récents souvenirs viennent s'ajouter à ceux-là? En 1870, la ville fut occupée par l'armée allemande et soumise à de vexatoires et onéreuses réquisitions. Le 10 novembre, les habitants eurent la satisfaction d'assister à la

Dourdan.

retraite des troupes du général von der Thann, mais le grand-duc de Mecklembourg, à la tête de la 17e division du XIIIe corps, accourut au secours des Bavarois et il fallut souffrir de nouveau les affronts de l'invasion et subir les brutales exigences des vainqueurs.

Avant la Révolution, Dourdan, capitale du Hurepoix, avait deux paroisses, l'une consacrée à Saint-Pierre, l'autre à Saint-Germain-l'Auxerrois. Cette dernière, qui existe encore, avait en 1150 été donnée à l'abbaye des augustins de Saint-Chéron par Gozlin, alors

Tour de Dourdan.

évêque de Chartres. La ville était le siège d'un bailliage ressortissant au présidial de Chartres, d'une élection, d'une prévôté et d'une maîtrise des eaux et forêts ; elle est maintenant le centre administratif de deux cantons, *Dourdan-nord* et *Dourdan-sud*, comprenant ensemble quarante et une communes et comptant environ 24 000 habitants.

Sur ce territoire, entre les vallées de l'Orge et de la Remarde, restes de la vieille forêt d'Yvelines, s'étendent les belles chenaies de la forêt de Dourdan, et non loin d'elle, les massifs des bois de l'Ouye.

C'est à la nuit close que nous souhaiterions que nos lecteurs fissent leur entrée à Dourdan ; ils pourraient croire alors, ainsi que nous avons été tenté de le supposer nous-même, qu'ils ont été transportés soudain dans une ville endormie depuis le moyen âge. Sur la grande place, noires d'un côté, argentées de l'autre par les rayons lunaires, se dressent les masses imposantes du château de Philippe-Auguste ; découpant sur le fond du ciel son puissant donjon découronné et ses neuf tours rasées à la hauteur des courtines ; dans l'ombre, vis-à-vis de l'église, entre deux tourelles cylindriques, on distingue à peine la porte ogivale veuve de sa herse et de ses mâchicoulis et donnant accès au logis du propriétaire actuel. Se retourne-t-on, on aperçoit la haute façade de l'église, ses deux tours, ses longs toits et sa svelte flèche. Les regards se dirigent-ils vers la gauche de l'édifice, ils s'arrêtent sur la halle, curieuse construction qui remonte à l'an 1223, bizarre assemblage de poutres énormes appuyées sur des dés de pierre, de solives et de charpentes pittoresquement enchevêtrées, tous bois pris avec l'autorisation de Louis VIII dans la forêt voisine. S'il s'égare plus loin, l'œil ne perçoit que des amorces de ruelles tortueuses coupées à angles inusités et laissant glisser de-ci de-là par un volet entr'ouvert quelques minces filets lumineux. Si quelque bruit trouble par hasard le silence de la ville, l'étranger qui vient d'y pénétrer est tenté de reconnaître en lui la marche lourde d'une bande de reîtres bourguignons, d'une troupe de huguenots cherchant aventure ou le pas cadencé d'un détachement de soldats de la maréchaussée du prévôt veillant au bon ordre.

Le jour venu, ce fantastique aspect disparaît. Néanmoins, nous nous trouvons dans une cité silencieuse et en quelque sorte écrasée par son château et son église ; un peu d'animation se produit pourtant autour du vieux marché les jours où les vendeurs de drap, de grains, d'objets de toi-

RUE SAINT-PIERRE A DOURDAN.

DESSIN DE F. DE MONTHOLON.

lette, de bimbeloterie, etc. (1), envahissent ses nefs ; le réveil est complet quand pour une fête publique la ville organise — souvent avec un grand goût — quelque pittoresque cavalcade dont l'ordonnance rappelle les souvenirs des siècles passés. Les cortèges de Dourdan sont une de ses gloires modernes, et ses trois mille habitants sont fiers de la réputation qu'ils ont acquis.

Puisque nous parlons cortège, il ne sera pas hors de propos de rappeler que, chaque année, Dourdan couronne deux rosières, une blanche et une noire. Cette particularité peut paraître bizarre, ne la laissons pas inexpliquée. La rosière noire doit assister, en robe de deuil, à la messe anniversaire d'une jeune fille de la ville, morte autrefois, et dont les parents ont, par une donation, assuré la perpétuité de cette cérémonie. On pouvait se croire en présence du caprice d'un original, on est devant le pieux souvenir d'une famille affligée.

Visitons maintenant la ville et entrons d'abord au château.

Le château, classé parmi les monuments historiques, bien qu'étant maintenant une propriété particulière (2), est dans un fort bel état de conservation ; sa configuration est celle d'un carré de 90 mètres de côté, les bâtiments entourés de fossés à fond de cuves, sont larges d'environ 10 mètres et

(1) Le marché aux grains de Dourdan se tient le samedi de chaque semaine. Il est d'une grande importance et contribue à fixer les prix des mercuriales pour l'alimentation de Paris.

(2) Ce château appartient à M. Joseph Guyot, archéologue distingué, auteur d'une *Chronique de Dourdan*, à laquelle nous renvoyons les lecteurs curieux de minutieux détails ; sous la conduite du concierge, on peut visiter la propriété tous les jours, excepté le dimanche, pendant les heures des offices. Les ruines sont pieusement conservées et bien entretenues ; les curieux ici n'étant pas abandonnés à eux-mêmes, nous avons eu la joie de constater qu'aucune muraille n'est déshonorée par ces inscriptions idiotes que les visiteurs ont si souvent le chagrin de rencontrer sur les monuments.

profonds de 6. Deux tours flanquent la porte d'entrée, trois autres défendent un des côtés du quadrilatère, quatre enfin s'élèvent aux angles. Parmi ces dernières, et les dominant toutes, est le donjon construit en pierres calcaires ; il n'a plus que deux étages et se termine par une terrasse, à laquelle conduit un escalier en colimaçon, mais de facile accès, qui court dans le mur épais de 2 mètres et demi.

Agitez doucement le fil de fer qui pend à droite de la porte, un coup de cloche retentira à l'intérieur, l'huis s'ouvrira et vous vous trouverez dans un jardin soigné, fleuri, sillonné d'allées sablées, contrastant d'une façon charmante en sa modernité avec les hauts murs des ruines qui l'entourent. Laissant à gauche la partie que le propriétaire actuel a transformée en maison d'habitation, vous entrerez d'abord dans le donjon ; chacun de ses étages est occupé par une haute salle voûtée à nervures, deux bas-reliefs en plâtre décorent la pièce du rez-de-chaussée où se voient encore les restes d'une gigantesque cheminée ; au-dessus, décorée récemment d'un vitrail orné des armes de la reine Blanche, est la salle qui fut, dit-on, sa chambre. Si vous continuez à monter l'escalier, vous arriverez sur la terrasse d'où vous découvrirez, outre tout Dourdan couché à vos pieds, un grand cirque de plaines et de bois ; au milieu de l'un d'eux, vous apercevrez les toits du château de l'Ouye, dont nous nous entretiendrons tout à l'heure. Redescendu au rez-de-chaussée, vous verrez une porte qui s'ouvre à l'extrémité d'un pont jeté sur le fossé; elle est extérieurement surmontée des armes de Dourdan : *d'azur, à trois pots de fleurs, à deux anses d'or, 2 et 1*. Une terrasse, d'où la vue est fort belle encore, s'étend devant le logis habité ; elle repose sur les voûtes d'une vaste salle à laquelle on accède par une porte ogivale s'ouvrant entre deux tours. Grâce au joli jardin qu'elles entourent, grâce aux points de vue charmants qu'on embrasse de tous côtés, grâce aux festons de lierre courant capricieusement sur leurs murailles, ces ruines sont gaies et l'on est, en les voyant, peu tenté de se souvenir que le château a jadis servi de prison.

La chose est vraie pourtant, et la tradition assure que Jeanne de Bourgogne, femme de Philippe le Long, y fut enfermée. Plus tard, à la fin du siècle dernier, les *chauffeurs*, brigands qui désolaient la contrée, y attendirent l'heure de leur jugement ; enfin, le château fut converti en prison départementale, destination qu'il conserva jusqu'en 1818, époque où l'on ouvrit la prison de Poissy ; il devint alors habitation particulière. Néanmoins, ce n'est qu'en 1852 que le donjon cessa de servir de prison communale et de recevoir des détenus de passage.

Nous n'avons que quelques pas à faire, en quittant le château, pour entrer dans l'église Saint-Germain ; c'est un édifice d'architecture gothique, habilement restauré il y a quelques années, et dont les tours sont surmontées de flèches rappelant celles de la cathédrale de Chartres. Du centre de la construction, à l'endroit où aurait pu se trouver un transept, une flèche élégante pointe dans le ciel.

Étroit, haut, profond, divisé en trois nefs, flanqué de chapelles latérales, terminé par une abside renfermant un riche autel Louis XIV dédié à la Vierge, le vaisseau de l'église Saint-Germain est d'aspect imposant et profondément religieux ; c'est un de ces temples où se manifeste éloquemment dans toute sa pureté cette foi naïve et extatique qui inspirait les constructeurs du temps de Louis VIII et de saint Louis. Les quinzième, seizième et dix-huitième siècles ont, il est vrai, fait subir quelques remaniements à l'œuvre primitive, mais son caractère était tellement accusé qu'il a survécu aux additions et défié toutes les retouches. Dans les arcatures du triforium, aux colonnettes à fûts contournés en torsade ; dans les pilastres moulurés au goût du quinzième siècle, mais surmontés encore de leurs vieux chapiteaux historiés ; sous les arcades des bas côtés où courent les zigzags capricieux ; sous ces voûtes de la grande nef d'une courbe si pure, d'une élégance si rare ; devant l'excessive finesse des nervures ogivales ; près de la chaire en pierre sculptée, couverte d'un abat-voix gothique d'un travail exquis en sa délicatesse, partout enfin le regard, dans ce grand ensemble, peut se reposer sur une foule de détails ravissants.

Une des curiosités de l'église est la cloche de l'horloge, sur laquelle on lit ces vers :

Au venir des Bourbons, au finir des Valois,
Grande combustion enflamma les François.
Tant je vous sonnay lors de malheureuses heures :
La ville mise à sac, le feu en ce sainct lieu,
Maint bourgeois ransonné, ô Dourdan ! priez Dieu !
Qu'à vous à tout jamais je les sonne meilleures.
En l'an 1559, Thomas Mouset m'a faicte.

Ainsi que le château, la ville a été fortifiée ; elle avait d'épaisses murailles, des tours et des fossés ; ces derniers ont été convertis en boulevards, puis sur l'ancienne propriété de la famille de Vertaillac, on a créé la belle promenade connue sous le nom de *Parterre*. Les bâtiments ont été affectés à la mairie, à la justice de paix et à la caisse d'épargne. Enfin, Dourdan possède un hôpital contenant cent soixante lits, fort bien aménagé et parfaitement tenu. En 1891, la ville s'est enrichie d'une école primaire supérieure professionnelle, construite sur les plans et sous la direction de M. Richault, architecte ; cette école, élégante à l'extérieur, est d'un irréprochable agencement au dedans.

A Dourdan est né, en 1646, La Bruyère, l'auteur des *Caractères*. Le poète Regnard, qui fut bailli de la ville, possédait à ses portes une agréable habitation connue sous le nom du *Grillon* où se réunissait, suivant l'expression du poète, « grand monde et bonne compagnie » ; c'est là qu'il mourut en 1709, un an après y avoir écrit, au milieu des fêtes, sa comédie du *Légataire universel ;* c'est de là que partit son corps pour être inhumé à Saint-Germain, où l'on regrette de ne point retrouver son tombeau (1). Puisque

(1) Le domaine du Grillon existe encore, il est situé à 2 kilomètres à l'ouest de Dourdan, sur les bords de l'Orge, entre les forêts de l'Ouye et de Dourdan. C'est un élégant pavillon en briques, à toits d'ardoises, précédé d'un perron à double rampe

nous parlons de tombeaux, signalons, dans le cimetière de la localité, celui du mameluk de Napoléon Ier, Roustan Raza.

Nous avons aperçu tout à l'heure, étant sur la terrasse du donjon, les toits du château de l'Ouye; s'y rendre et le visiter est l'affaire d'une heure d'agréable promenade.

Le château de l'Ouye, ancien prieuré, est aujourd'hui une sorte de ferme dans laquelle on pénètre par une grande porte armoriée portant la date de 1724. Du prieuré que fut cette demeure, il reste encore de curieux débris : l'église, construction du douzième siècle, avec ses hauts murs nus envahis par le lierre et sa partie absidale à trois ouvertures, devait être un édifice de belles proportions. L'habitation des moines, devenu logis particulier, a conservé à son rez-de-chaussée quelques pièces cintrées. La ferme est encore accostée de vieilles tours rondes, et l'on voit dans la vaste cour encombrée de fumier et parcourue par les volailles gloussant et picorant, un ancien pigeonnier d'un assez beau caractère. A l'extrémité de cette cour s'ouvre une porte que le temps n'a pas respectée, mais qui garde une grande allure encore et quelques vestiges de son ancienne splendeur.

Saint-Chéron, Saint-Sulpice de Favières, Breux-Saint-Étienne, Saint-Yon.

De retour à la ville, nous la quittons par l'avenue de Paris qui bientôt, entre deux rangées de beaux arbres, se transforme en route et traverse une campagne dorée de champs de blé, égayée de bouquets de verdure et limitée par des collines ondulant gracieusement au loin. Les maisonnettes de Roinville, un village verdoyant, semblent s'écarter pour nous livrer passage; puis la plaine nous reprend, dominée à gauche par un coteau au sommet duquel deux

et entouré d'un parc agréable. Charles-François Lebrun, duc de Plaisance, consul de la République, architrésorier de l'Empire, traducteur ignoré du Tasse et d'Homère, y mourut en 1824.

ou trois fermes dressent leurs pignons blancs couronnés de toits roux; à notre droite, des groupes de hauts peupliers forment une sorte de bois qui, fréquemment éclairci par de vertes pelouses, projette parfois son ombre sur les masures de quelque petit hameau. Au sortir de cette ombreuse oasis la plaine réapparaît, puis la route, laissant à notre droite Sermaise, un village qui n'a pas 500 habitants, se dirige vers Saint-Chéron.

Saint-Chéron, commune exclusivement agricole, compte environ 1400 habitants; c'est une station du chemin de fer de Paris à Tours par Vendôme; il ne présente en soi aucun intérêt, mais il est, dans cette belle vallée de l'Orge qui s'étend de Dourdan à Arpajon, le centre d'un curieux vallon portant son nom et qui, bien que peu connu des Parisiens, et nous ne savons pourquoi, affaire de mode sans doute, dédaigné des artistes, renferme autant d'attraits pour le promeneur que de séductions pour le crayon ou le pinceau.

Montons sur la hauteur du Tertre, laissons à nos pieds le petit village de Sermaise, et nous embrasserons du regard toute la partie du vallon de Saint-Chéron qui s'étend depuis Dourdan jusqu'à Saint-Yon.

La nature n'a pas ici l'étrangeté de la vallée de Chevreuse ni la verdeur vivace de la vallée de l'Oise, mais en s'appropriant les charmes de l'une et de l'autre, elle semble avoir pris à tâche d'adoucir les âpretés de la première et la couleur de la seconde. Il est résulté de ce mélange un tout d'une harmonie pénétrante, un panorama pittoresque enveloppé de tons doucement fondus, un ensemble gracieux et varié où se mêlent et se succèdent sous le regard les prairies arrosées de cours d'eau frais et limpides, les bois tachés de grès aux formes fantastiques, les buttes couronnées de sapins, de claires fontaines, de riants villages, de vieux châteaux, de gais moulins, et enfin cette merveille de notre vieille architecture religieuse, l'église Saint-Sulpice de Favières.

En descendant du Tertre, nous nous arrêtons un instant près des rochers de la Charpenterie, devant la fontaine de la Rachée, que Boileau chanta sous le nom de *Polycrène* dans son épître à M. de Lamoignon. Cette fontaine, auprès de laquelle le magistrat et le satirique venaient deviser dans la solitude et

Chercher quels sont les biens véritables ou faux,

est au fond d'une sorte de cirque qu'ombragent de hauts peupliers; elle sort par neuf ouvertures d'un haut rocher aux flancs tapissés de lierre et coule claire et limpide autour d'une sorte de terre-plein que l'on atteint en passant sur une pierre plate formant ponceau; sur les bords de ce terre-plein, garnis de pierres blanches posées de biais, les femmes s'agenouillent et lavent leur linge. Polycrène n'est plus qu'un lavoir. Tout auprès passe l'Orge, coulant doucement sous les feuillées, et se dresse la cheminée en briques d'une usine où l'on confectionne des cartouches de dynamite pour les mineurs.

Il n'importe. La Rachée nous a remis les Lamoignon en mémoire, et grâce à elle peut-être, nous nous souvenons qu'ils possédaient près d'ici le domaine de Baville, et nous allons nous y rendre.

Il faut pour cela traverser Saint-Chéron. Une gare assez active, une rue où se fait paisiblement un peu de commerce, plusieurs autres où n'apparaissent aucunes boutiques, des maisons aux volets verts de modeste apparence, quelques habitations bourgeoises, de beaux jardins, de la verdure à l'horizon, une vieille église sans intérêt, une petite place triangulaire ornée d'une colonne supportant le buste de la République, voilà tout Saint-Chéron.

Le domaine de Baville est à peu près à 2 kilomètres du village et touche au hameau des Tuileries. Seigneurie féodale au moyen âge, il fut plus tard la maison de campagne de divers magistrats et longtemps conserva son aspect de maison forte. Guillaume de Lamoignon, quand il devint premier président, en 1658, fit reconstruire la résidence dans le goût majestueux de son temps, mais en corrigeant la froideur des pilastres et des frontons du petit pavillon central par le mélange de la pierre et de la brique dans les corps de logis qui l'accostent et dans les ailes en retour. Il couvrit le tout de ces hauts combles ardoisés qui donnent si grand air aux demeures édifiées dans le commencement du dix-septième siècle.

Derrière le château, Lamoignon fit dessiner un parc d'un aspect absolument royal. Larges allées droites, massifs régulièrement disposés, retraits ombreux, pelouses immenses, parterres fleuris, couvrirent bientôt une superficie de 250 hectares, mais la nature, cette grande décoratrice qui ne perd jamais ses droits, s'était réservé celui de fournir le charme le plus puissant de cette création. Substituant le pittoresque au convenu, la hardiesse de l'imprévu à la science de l'arrangement, elle a jeté là avec une sorte d'impérieuse sauvagerie un coin absolument alpestre et, nous le croyons, unique aux environs de Paris : les buttes Saint-Nicolas et Sainte-Catherine ; hautes l'une de 152 mètres, l'autre de 145 mètres, faites toutes deux d'une fantastique agglomération de sables, de roches et de grès, elles sont séparées par un ravin où les pins, les mélèzes, les sapins, croissent forts et vigoureux au milieu d'une frémissante forêt de vertes fougères et de bruyères roses.

De leurs sommets couronnés de sapins, où l'on s'étonne de ne point voir bondir des isards et des chèvres, on jouit, est-il besoin de le dire, d'une vue magnifique. L'ascension est pénible ; il faut, pour la tenter, avoir « le pied montagnard », mais, quand à travers sentiers étroits et glissants, s'accrochant aux branches des arbres, cherchant son équilibre sur des pointes rocheuses, s'aidant de toute tige qui dépasse, guettant de l'œil toute anfractuosité qui peut devenir un point d'appui ou permettre un moment de repos, on a enfin atteint la cime, avec quelle joie on s'arrête devant la splendide campagne qui se déroule sous les yeux, avec quel bonheur on respire ce grand air saturé d'odeurs résineuses !

Malgré soi, on demeure là plus longtemps qu'on ne l'avait projeté, et dominant d'ici tout le parc dont chaque allée

CHATEAU DE BAVILLE.

DESSIN DE SAINTIN.

porte un nom illustre, on se ressouvient de ce que fut ce séjour au temps de sa splendeur.

A Baville, chez les Lamoignon, se réunissait chaque été tout ce que la haute société d'alors comptait de personnalités distinguées. Poètes, ecclésiastiques, gens d'esprit, gens de cour, grandes dames, se groupaient à l'envi autour de ces magistrats, que leur austère vertu n'empêchait point d'être des hôtes aimables et des amphitryons pleins de grâce et d'entrain, quand l'heure du souper rassemblait les commensaux qu'ils avaient laissé tout le jour libres de se distraire à leur guise.

Le parc, enveloppé d'un majestueux silence, s'étend devant nous, l'écho n'a rien retenu des discussions savantes, philosophiques, littéraires, dont il a été le témoin; il ne reste que des œuvres de ceux qui ont foulé le sable de ses allées ou discuté, médité, rimé sous ses ombrages. Mais qu'ils sont grands et glorieux les souvenirs que l'on peut évoquer ici ! Quel palais réunit jamais un groupe de plus hautes intelligences? Voici Daniel Huet, évêque d'Avranches, l'homme à la mémoire aussi prodigieuse que l'érudition, il marche côte à côte avec Bourdaloue, *le roi des prédicateurs, le prédicateur des rois*, qui revient du village où il a fait une leçon de catéchisme aux enfants; voici venir vers eux le père Commire, il interrompt la lecture d'un sermon pour déclamer une ode latine. Quel est ce groupe que nous apercevons un peu plus loin ? C'est Boileau qui lit à Racine les premières pages de son *Lutrin* que le maître de céans lui a conseillé d'écrire; c'est Santeul méditant une de ses hymnes sacrées. Qui songe à l'ombre de ce côté? C'est Molière. Qui discute là-bas avec le père Bonhours ? C'est Guy Patin. Quel rayonnement illumine soudain le perron du château? C'est Mme de Sévigné descendant accompagnée de Mmes de Grignan et de Coulanges, cette dernière suivie de son mari fredonnant la chanson qu'il a composée pour le repas du soir.

Mais nous ne sommes pas au dix-septième siècle, il faut quitter Baville et nous remettre en route. Les grands souvenirs ne manquent pas dans cette contrée, dont plus que nous nos aïeux ont apprécié la beauté, nous allons en rappeler un encore.

A peu de distance du domaine des Lamoignon, voici la maison de Segrès, bourgeoise, mais admirablement entourée. C'est là que le marquis René d'Argenson se retira en 1750 et passa les sept dernières années de sa vie.

C'était un sage, un homme de grand esprit, ce ministre que Voltaire, son ami, trouvait digne d'être secrétaire d'État dans la république de Platon, mais que d'envieux courtisans avaient surnommé d'*Argenson la Bête*. Il est vrai qu'il était d'aspect lourd, de démarche embarrassée et d'une bonhomie contrastant singulièrement avec la solennité du temps. A Segrès, qu'il trouvait « semblable aux Champs-Élysées, séjour des ombres heureuses », il oublia les préoccupations politiques, reçut des hommes distingués comme Condillac et La Condamine, cultiva les lettres, étudia la philosophie, écrivit ses *Mémoires* et ses *Considérations sur le gouvernement de la France*.

De nos jours, la maison de Segrès a appartenu à l'ingénieur Alphonse Lavallée, mort en 1873, et dont nous aurons bientôt l'occasion de reparler.

Une route charmante contournant des collines, passant devant de joyeux moulins, de blancs châteaux, de belles fermes, nous conduit à Saint-Sulpice de Favières par le riant vallon de la Renarde.

Saint-Sulpice est une très vieille localité dont la simplicité rustique ne s'est point modifiée avec le temps, et son aspect, aujourd'hui qu'elle compte 242 habitants, doit être encore celui qu'elle avait en 1726, quand elle n'en avait que 222, et précédemment, quand elle ne se composait que de quelques feux. Néanmoins, le village a son histoire que nous allons résumer en quelques lignes.

Il s'appelait originairement Favières, et son église, à coup sûr de modestes dimensions alors, possédait des reliques de saint Sulpice le Débonnaire, évêque de Bourges et aumônier de Clotaire II, mort en 644. Elle était le but d'un

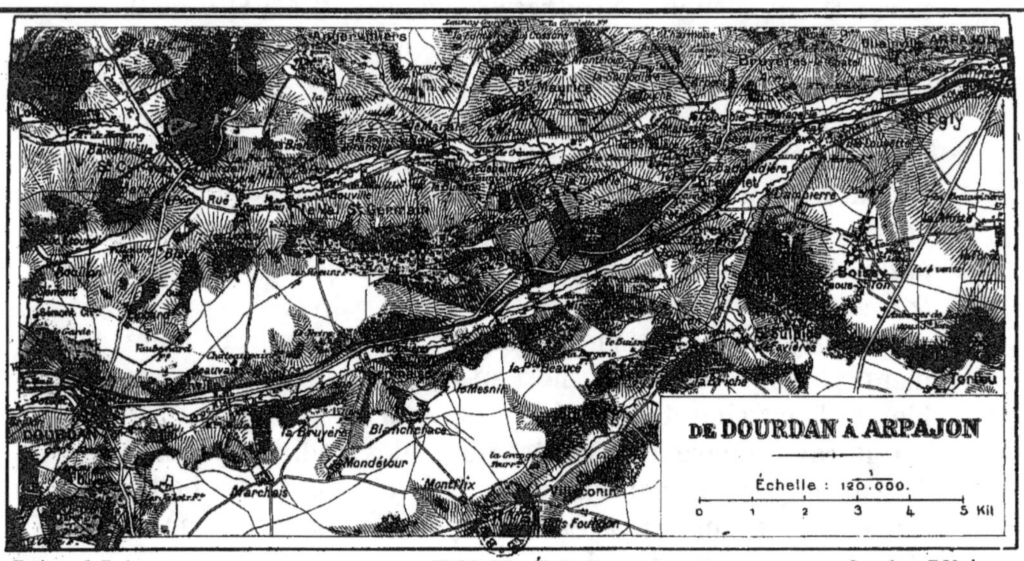

Environs de Paris. A. HENNUYER, ÉDITEUR. Dressé par E. Morieu.

pèlerinage très suivi et, s'il faut en croire les chroniques, le théâtre de nombreux miracles. Goutteux, boiteux, pieds bots, culs-de-jatte, paralytiques, venaient à l'envi s'agenouiller devant le tombeau du saint. Il y a cent cinquante ans, la chapelle des Miracles était encore pleine de béquilles suspendues en guise d'*ex-voto*. La cure, pendant plusieurs siècles, fut celle du diocèse de Paris qui jouit des revenus les plus considérables.

Le village dépendait anciennement de la châtellenie de Montlhéry, il passa plus tard dans la prévôté d'Étampes, puis fut englobé dans le marquisat de Baville et appartint aux Lamoignon.

Dès le milieu du treizième siècle, alors que le culte des reliques de saint Sulpice était dans toute sa ferveur, les pèlerins trouvèrent trop exigu le lieu où ils venaient prier; grâce à leurs offrandes, un monument, qui passa longtemps pour la plus belle église de village du royaume, fut rapidement édifié. Commencé vers 1265, l'édifice était entièrement terminé dans les premières années du quatorzième siècle ; celui-ci posait son cachet sur la construction en la dotant du gable à jour, malheureusement mutilé à sa partie supérieure, dont le portail est surmonté.

Ce portail ogival, orné de sculptures dans le tympan et les arcatures, percé de niches aujourd'hui vides sous leurs dais, dans les pieds-droits et le trumeau central, s'ouvre entre deux contreforts atteignant la base du grand comble; à ses côtés, deux portes basses et fort simples — celle de gauche est maintenant murée — sont placées sous de larges et hautes fenêtres à deux divisions partagées elles-mêmes par un meneau ; un larmier soutenu par une corniche à feuilles entablées court dans toute la largeur de la façade et contourne les contreforts dont nous avons parlé, ainsi que ceux qui soutiennent les angles ; au-dessus de lui, dans l'axe du portail, un oculus éclaire le pignon ; à gauche s'élève un clocher carré, de belles proportions, coiffé d'un toit à bâtière et percé de hautes baies géminées.

L'intérieur est divisé en trois nefs, les bas côtés s'arrêtent en mur droit à la naissance du chœur ; ce dernier est de forme pentagonale ; il n'y a, vous le voyez, ni déambulatoire, ni transept ; il est probable, pourtant, que la construction de ce dernier était projetée, car la sixième travée de la nef est sensiblement plus large que les précédentes.

Ce qui frappe dans ce vaisseau lumineux et blanc (l'église a été restaurée depuis qu'elle est classée au nombre des monuments historiques), dans cette construction à la fois forte et légère, élégante par la beauté des lignes, intéressante par la variété de sa sobre ornementation, c'est son grand caractère d'unité. Ici, les époques ne superposent pas leurs styles, et malgré quelques différences qu'on peut observer dans les détails, l'ensemble demeure un spécimen aussi parfait qu'on le peut rêver de l'architecture religieuse du treizième siècle.

Le chœur avec sa hauteur prodigieuse, ses trois rangs d'ouvertures superposées, ses arcatures trilobées, ses trèfles, ses roses, ses faisceaux de colonnettes, est un des plus séduisants et aussi un des plus imposants morceaux qu'on puisse voir. On y peut admirer vingt stalles en bois sculpté datant des quatorzième et quinzième siècles, dont les miséricordes sont ornées de sujets religieux et familiers traités avec beaucoup d'esprit.

Au nord de l'édifice, dans le bas côté gauche et formant extérieurement une saillie rectangulaire, est la chapelle des Miracles ; c'est la partie la plus ancienne de l'église et tout ce qui reste du lieu de pèlerinage du douzième siècle. C'est une salle formée de deux travées voûtées en croix d'ogives ; elle est maintenant partagée en deux parties, la plus petite sert de sacristie.

Il n'y a pas de tableaux dans l'église Saint-Sulpice, mais on y voit plusieurs curieuses pierres tombales. La plus ancienne et l'une des mieux conservées est celle d'Isabelle, dame de la Broce, morte en 1316.

Debout, les pieds posés sur deux chiens, vêtue d'une longue robe, couverte d'un manteau doublé de vair, l'aumônière au côté, les mains jointes, gracieuse sous son voile,

INTÉRIEUR DE L'ÉGLISE DE SAINT-SULPICE DE FAVIÈRES.

DESSIN DE A. DEROY.

la jolie défunte semble prier. Elle est placée sous une arcade à pignon ajouré qu'accompagnent deux anges. Du haut en bas des pieds-droits, de mignons personnages, prêtres, diacres et clercs, enfermés dans des niches richement ornées, célèbrent ses obsèques. Auprès de ses épaules, on voit la forme de deux écussons; les armoiries qu'ils portaient ont disparu. L'art nous a séduit ici, un peu plus loin la poésie réclame ses droits.

Qui ne serait profondément ému en lisant sur une table de marbre noir le sonnet que nous allons transcrire? Il est dédié par Gilles du Couldrier à sa fille Charlotte, morte à dix-neuf ans, le 10 mars 1604.

Recoy recoy mon Cœvr ce don de moy ton Pere,
Ie te l'ay desdie O mes chastes Amovrs,
Depvis qve ce grand Dieu a retranche le cours
De ton ioly printemps par une mort amere :

Recoy ma doulce amovr les regretz qve ta mère
Sovspire Incessament et iette nvyctz et iours
Povr toy nostre sovlas reconfort et secovrs
Par le dovx entretien de ta presance chere.

Ton ame est devāt Dieu pryle po^r novs mon cœur
Qv'il ayt.pitie de novs et de nostre langevr
Tant qvvn mesme tōbeav nous tienne renfermez.

Ie faictz vev den bastir vn digne à ton amovr
Affin qvapres la mort novs y facions sejovr
Avecqves toy mon cœvr qui novs as tāt aymez.

Ce Gilles du Couldrier, poète à ses heures on le voit, avait été maréchal des logis du duc d'Anjou, frère de Henri III; il décéda le 10 mars 1611, juste sept ans après sa fille, et fut aussi enterré à Saint-Sulpice. Il est représenté sur sa pierre tombale auprès de sa femme; les deux personnages, mains jointes, debout sous une arcade cintrée, portent le costume du temps de Henri IV. Deux quatrains sont encore gravés sur cette pierre.

D'autres inscriptions rappellent le souvenir de divers

prêtres et bienfaiteurs de l'église ; parmi ces dernières, on remarque celle d'Alphonse Lavallée, propriétaire de la maison de Segrès, ingénieur, qui fut l'un des fondateurs de l'École centrale des arts et manufactures et prit une part active à la création des chemins de fer français.

L'unique cloche de Saint-Sulpice a été bénite en 1773 ; elle a eu pour parrain Chrétien de Lamoignon, fils du président à mortier, et pour marraine, Élisabeth Le Mairat.

En quittant Saint-Sulpice de Favières, nous passons par Breux-Saint-Étienne, un riant village que baigne l'Orge, puis nous apercevons vers l'est la sablonneuse montagne de Saint-Yon couronnée par un bourg de 200 âmes.

Ne le dédaignons point parce qu'il est petit, les Romains ont apprécié sa situation ; ils en ont fait un de leurs postes et l'ont relié à Dourdan par une route ; plus tard, au moyen âge, Saint-Yon était une petite ville nommée *Hautefeuille*. Aujourd'hui, les agriculteurs qui composent sa modeste population passent indifférents sous la porte de Bourdeau, une grande arcade cintrée, de construction romaine, peut-être, qui, telle qu'elle est placée, forme une sorte de cadre à la vallée de l'Orge et aux buttes de Baville.

Breuillet, Arpajon.

Nous allons maintenant nous diriger vers Breuillet. Sur le territoire de cette commune, mais assez loin d'elle encore, nous rencontrerons le château du Marais, habitation célèbre à la fin du siècle dernier. Bâti en 1770 par Gabriel pour le comte de Montmorin, ministre de Louis XVI, il eut ensuite pour propriétaire Mme de la Briche, fille du premier propriétaire, qui, très aimée dans le pays, y vécut en paix pendant la Terreur; le comte Molé l'acheta plus tard et le laissa à son gendre, M. le marquis de La Ferté.

Avec son vaste perron, son péristyle orné de colonnes composites et surmonté d'un attique, ses deux ailes exactement semblables, sa décoration sculptée dans une pierre tendre aux blancheurs de stuc, son toit à l'italienne, ses

VAL SAINT-GERMAIN.

DESSIN DE SAINTIN.

parterres fleuris, sa pièce d'eau reflétant tout l'édifice, le château du Marais est un type précieux des constructions de ce temps où la grâce se substituait à la majesté.

Le parc, de modeste étendue, est remarquable par la beauté des plantes rares que l'on y cultive. Comme à Baville, mais moins élevée que ses buttes, nous y rencontrons une éminence d'où nous planons sur le ravissant vallon de la Remarde.

Au milieu d'une fraîche campagne, parmi les moulins, les prairies, les fermes, les coteaux, les bois, nous distinguons plusieurs villages : le Val Saint-Germain, petite commune qu'habita longtemps l'académicien Viennet, le *dernier des classiques ;* Saint-Maurice, bourg qui compte 340 habitants ; puis, voici les jardins et les buttes de Baville, et plus loin, la masse verte du parc de Courson-l'Aunay, propriété du duc de Padoue, qui, dans le château, a réuni une magnifique collection de tableaux.

De Breuillet, où rien ne nous engage à séjourner, à Arpajon, qui présente un plus grand intérêt, la distance n'est que de 4 kilomètres, elle sera promptement franchie. La route est charmante dans cette vallée que l'Orge et la Remarde arrosent, puis, ainsi que nous l'avons fait souvent, nous pourrons causer du pays que nous allons voir tout en nous dirigeant vers lui.

Arpajon, *Castra, Châtres*, au sixième siècle, était le chef-lieu d'un canton du Parisis connu sous le nom de *Pagus Castrensis*, c'est là tout ce qu'on sait de son origine, et pendant longtemps l'histoire demeure silencieuse à son propos. Mais au moyen âge, et grâce au peu de distance qui séparait Châtres de la forteresse de Montlhéry, son repos fut plus d'une fois troublé. En 1358, Charles le Mauvais s'empara de la ville ; deux ans après, Édouard III, roi d'Angleterre, se présenta devant elle à son tour. Châtres était alors insuffisamment fortifiée (les murailles qui l'entourèrent plus tard n'ayant été construites que sous le règne de François Ier), les habitants se retranchèrent dans l'église, en bouchèrent les portes et les fenêtres, y amoncelèrent des provisions et des projectiles, s'armèrent de frondes, d'arbalètes et de balistes et se préparèrent à une résistance énergique. Mais la division se mit dans leurs rangs. Le capitaine et les principaux bourgeois ne se crurent pas en sûreté dans l'église et la quittèrent pour se réfugier dans une tour voisine. Une sorte de révolte éclata. Ceux que l'on abandonnait menacèrent de se rendre si toutes les forces de la défense ne demeuraient concentrées. Le capitaine, irrité, mit le feu à l'église; l'incendie se propagea avec une effrayante rapidité, et quand les malheureux enfermés dans l'édifice parvinrent à en déboucher les issues, neuf cents des leurs avaient déjà péri.

Châtres revit les hommes d'armes en 1465. Ceux qui y campèrent alors étaient commandés par le roi Louis XI, qui se préparait à livrer l'indécise bataille de Montlhéry. Un siècle plus tard, en 1567, la ville, envahie par les religionnaires sous la conduite de Montgomery, fut incendiée et en partie détruite. Vingt-cinq ans après, les ligueurs l'occupèrent pendant quelque temps; Henri IV la leur reprit.

Au commencement du dix-huitième siècle, quand le duc d'Anjou partit pour prendre possession du trône d'Espagne, il s'arrêta à Châtres. Le curé, suivi de ses paroissiens, se rendit au-devant du nouveau monarque pour le saluer, mais comme à son avis les « longues harangues étaient incommodes et les harangueurs ennuyeux », il se borna à chanter à Philippe V, sur l'air d'un vieux noël, ces vers de sa composition :

Tous les bourgeois de Châtres et ceux de Montlhéry
Mènent fort grande joie en vous voyant ici ;
Petit-fils de saint Louis ; que Dieu vous accompagne,
Et qu'un prince si bon
Don don,
Cent ans et par delà
La la,
Règne dedans l'Espagne.

Le petit-fils de saint Louis sourit de la plaisanterie et dit *bis* au prêtre ; celui-ci ne se fit pas prier, il recommença sa chanson. Voulant lui prouver sa gratitude, le roi remit alors dix louis au curé. *Bis*, dit à son tour ce dernier. Dix autres louis tombèrent dans sa main.

Nous allons vous présenter maintenant l'original personnage qui débaptisa le pays.

C'est un certain Louis de Sévérac, seigneur du village et aussi d'Arpajon en Languedoc, qui obtint au mois d'octobre 1720 des lettres patentes érigeant Châtres en marquisat d'Arpajon, avec droit de justice haute, moyenne et basse, greffe, tabellionage, droit de quête, péage, cens, etc.

Les habitants s'habituaiènt difficilement au nom nouveau de leur village. A Châtres ils étaient nés, à Châtres ils voulaient vivre et mourir. Louis de Sévérac, homme d'imagination, trouva un moyen de vaincre les résistances de ses vassaux.

Tous les jours, il allait faire une promenade dans les environs du bourg, et à chaque paysan qu'il rencontrait il adressait invariablement cette question :

« Mon ami, comment appelles-tu ce village qu'on voit là-bas ? » Si l'interpellé disait : « Châtres », les coups de canne pleuvaient sur son dos et les invectives dans ses oreilles : « Manant, drôle, misérable, faquin, voilà qui t'apprendra à prononcer Arpajon ! ». Si le malheureux, mieux avisé, ou précédemment étrillé, répondait au gré du marquis, celui-ci le comblait de caresses, s'informait des nouvelles de sa famille et lui donnait une gratification pour boire à sa santé.

Grâce à ces procédés différemment persuasifs, mais que nos édiles modernes ne songent point à employer quand ils changent les dénominations de nos voies publiques, le nom de Châtres fut oublié, Arpajon resta. Eh bien, nous ne regrettons pas la substitution. Châtres ne disait rien à l'oreille, Arpajon résonne fièrement ; il y a dans l'assemblage de ces trois syllabes sonores quelque chose qui semble tout à la fois joyeux comme un coup de clairon et triomphant comme le chant du coq gaulois.

Gauloise, elle l'est bien franchement la petite ville, l'histoire du curé que nous vous avons contée le prouve. Si le clairon sonne, elle sait répondre aussi et la conduite de ses habitants en 1870 ne laisse aucun doute à cet égard. Occupée alors par l'ennemi, elle devint en quelque sorte la prison des maires qu'on arrachait à leurs communes, lorsque les réquisitions en argent n'étaient pas assez promptement payées. Un fil télégraphique fut brisé dans la ville, il en résulta pour elle une amende de 20000 livres. Plus tard, à propos d'une autre réquisition, le maire et les membres du conseil municipal furent arrêtés et conduits à Versailles. Au milieu de toutes ces calamités, une femme, Mlle de Saint-Remy, directrice du bureau de poste, ne se laissa ni intimider par les menaces, ni effrayer par les perquisitions, et continua à desservir la contrée.

Arpajon a ses armes, riches et simples ; il porte : *de gueules à la harpe d'or.*

Aujourd'hui, chef-lieu de canton, station de chemin de fer, relié de plus à Paris par un tramway spécial, peuplé d'environ 2800 habitants, percé de rues propres bordées de maisons avenantes, Arpajon, à 9 lieues de Paris, est tout à la fois la ville et la campagne.

Il a son hôtel-Dieu, sa bibliothèque publique, riche de 2000 volumes, sa halle du seizième siècle, assez semblable à celles de Milly et de Méréville ; son marché réunit tous les vendredis un grand nombre d'acheteurs et de vendeurs de veaux, de porcs, de volailles, de grains et de farines, ses fabriques de cordonnerie sont actives, ses magasins et ses boutiques bien approvisionnés ; ajoutons que la cité a son journal, *le Petit Arpajonnais,* qu'on y voit les maisons des frères de Marie, des sœurs de Saint-Joseph, des sœurs de Saint-Paul, et enfin un hôtel de ville, où nous allons nous arrêter un moment.

L'édifice municipal est situé au milieu du pays dans une sorte d'îlot formé par l'Orge et la Remarde ; il est placé au fond d'une cour sablée, plantée d'arbres, formant promenade et fermée sur la rue par une grille réunissant deux pa-

ARPAJON, MARCHÉ AUX VEAUX ET AUX PORCS.

DESSIN DE F. DE MONTHOLON.

villons de beau caractère construits au dix-huitième siècle, en même temps que les ponts voisins.

En édifiant cette maison commune, M. Laroche, architecte, a fait preuve d'un goût parfait, l'édifice, dans sa simplicité élégante, a bien le cachet qui convient à un hôtel de ville.

Dans l'intérieur intelligemment distribué et qui contient la justice de paix, il faut voir au premier étage la salle du conseil, une vaste pièce blanche, claire et ornée de peintures murales de M. Léopold de Moulignon. Ce sont les allégories que le lieu comporte, *naissance, tirage au sort, mariage et mort,* tout cela représenté par des groupes habilement composés, fort bien peints, et, ce dont nous félicitons l'artiste, conçus en dehors du sentiment mythologique.

Ajoutons, ceci est le côté anecdotique, mais il mérite de n'être pas oublié, que ces compositions ont, en 1870, été gracieusement offertes par le peintre à la commune, qui n'aurait pu faire alors la dépense de ce luxe décoratif. Reconnaissants, les Arpajonnais ouvrirent une collecte, réunirent quelques centaines de francs et firent remettre à l'artiste un beau bronze acheté chez Barbedienne.

Campagne, Arpajon est admirablement environné ; où furent jadis ses murailles et ses fortifications, de larges et beaux boulevards forment une suite de fraîches et ombreuses promenades pleines de chants d'oiseaux. L'Orge, qui traverse le pays, coule parfois dans des coins charmants. Arrêtez-vous au bout du terre-plein de l'hôtel de ville, à droite, et vous verrez la petite rivière glisser doucement sous l'ombre transparente des saules, vous la verrez baigner le seuil, transformé en lavoir, d'une foule de maisonnettes gaiement penchées sur ses rives. Parcourez la ville, arrêtez-vous au commencement de la Grande-Rue, près de ces deux piliers qui sont les seuls restes de la porte de Paris, vous aurez tout le pays sous les yeux avec les feuillées qui empanachent ses maisons à droite, les voies qui descendent à gauche, la Grande-Rue qui fuit jusqu'au boulevard de la gare ; au loin, comme cadre, une suite de coteaux verts et dorés ; près de vous, de nombreuses maisons de plaisance, avenantes et entourées de jardins fleuris.

Vous le voyez, il ne reste rien ou presque rien du vieux Châtres ; seuls, si les pierres pouvaient parler, le clocher et la nef de l'église Saint-Clément nous entretiendraient des faits que nous avons succinctement relatés plus haut, car ils ont résisté à l'incendie de 1360 ; il est vrai que ces parties étaient neuves alors, ayant été construites à la fin du douzième siècle. Par contre, le chœur et les chapelles absidales, réédifiées vers 1460, pourraient vous rappeler la triomphale entrée du Béarnais dans sa bonne ville d'Arpajon.

A défaut de voix pour parler du passé, l'église Saint-Clément, qui se compose de trois nefs et d'un chœur avec déambulatoire, renferme plusieurs pierres tombales devant lesquelles on peut évoquer de vieux souvenirs.

Voici justement celle de ce Louis de Sévérac, dont nous vous avons entretenu, et qui mourut en 1736 à l'âge de soixante-sept ans ; celle d'un Pierre de Châtres, seigneur du lieu, sculptée au trait avec une délicatesse exquise et une naïveté charmante.

Saint-Germain, Ollainville, Bruyères-le-Châtel.

Nous pouvons faire quelques agréables promenades dans la riche campagne dont Arpajon est entouré. Au nord-est, voici Saint-Germain-lez-Arpajon ; ce village semble n'être qu'un faubourg de la petite ville, il est pourtant plus ancien qu'elle et en fut peut-être le berceau ; il ne compte aujourd'hui qu'environ 600 habitants ; son église, qui date du onzième siècle, est décorée de fort belles pierres tumulaires.

A 1 kilomètre au nord est le château de Chanteloup, ancien fief royal qu'habitèrent Philippe le Bel et Philippe le Long, et que François Ier échangea avec Nicolas de Neuville contre la terre des Tuileries à Paris.

Dirigeons-nous vers l'ouest, entrons dans la plaine coupée de bois, rayée de routes blanches, arrosée par la Remarde ;

prenons un chemin de traverse qui court dans les cultures, laissons à notre gauche la voie ferrée et sa bordure de poteaux télégraphiques si utiles et si laids, passons devant les bâtiments d'un ancien moulin transformé en tannerie.

Ici, la prairie disparaît un moment derrière un bois d'aunes; là, une toute petite forêt nous invite à profiter de l'ombre et de la fraîcheur de ses étroits sentiers; plus loin apparaissent les vignes, les champs de pommiers, les pâturages tachés du brun luisant des vaches, du gris laineux des moutons; bientôt se profile sur le fond du ciel la masse du château d'Ollainville, tout blanc dans son parc vert; enfin une croix se dresse sur notre passage, c'est la *Croix du siège;* elle indique le lieu où Édouard III campa en 1360 quand il fit le siége de Châtres.

Nous traversons Ollainville, familièrement salué par quelques-uns de ses 500 habitants, puis nous prenons la route qui va nous conduire à Bruyères-le-Châtel. Cette route domine toute la vallée et le point de vue que l'on a sous les yeux est des plus captivants. A l'horizon se succèdent et s'étagent des collines aux ondulations douces, aux pentes cultivées dévallant doucement, les cimes les plus rapprochées sont noires et vertes, les plus lointaines s'enveloppent de vapeurs bleues et se confondent avec les nuages; dans la vallée se dressent de longues files d'arbres derrière lesquelles on croit entendre le doux bruit des coulées de l'Orge et de la Remarde.

A notre droite apparaît d'abord le joli château du Rhué; c'est une construction carrée en pierres et briques flanquée de tours rondes à toits aigus. Nous suivons pendant quelque temps la haie qui ferme son parc feuillu, puis, au fond d'une vaste pelouse, nous apercevons un autre château encore, celui de Morionville; blanc, froid, régulier, il se compose d'un corps de logis central accosté d'ailes formant léger relief. L'extrémité du mur de la propriété touche au village de Bruyères-le-Châtel, un joli bourg admirablement situé, verdoyant, gai, mêlant les maisons bourgeoises aux habitations de cultivateurs, les vergers pleins de fruits aux jardins resplendissants de fleurs, fier de son château, forteresse autrefois, qui le domine de ses hauts murs gris, non moins fier du grand établissement de graines que la maison Simon Louis frères, de Metz, rivale de Vilmorin, a créé ici après la guerre pour rester française.

Bruyères, fort ancien, était connu dès le temps des druides, ainsi qu'en témoignent encore deux menhirs, énormes grès placés l'un sur la butte Saint-Louis, dans le parc du château, l'autre dans la prairie et connu sous le nom de *pierre Beaumiroult*. Le premier château qui se construisit au faîte de la colline fut édifié au septième siècle. Religieux et guerrier tout à la fois, il contenait, outre le logis du seigneur et les ouvrages de défense, un monastère d'hommes, dont la chapelle, dédiée à Notre-Dame, servait encore de paroisse au village. Dans celui-ci florissait aussi un couvent de femmes, dont la fondation remonterait, dit-on, à l'an 670, et serait due à une nommée Chrotilde, pécheresse repentante. Ce couvent vécut à peu près quatre cents années. A l'ouest du château, dans la campagne alors, fut construite, au temps de Robert le Pieux, l'église Saint-Didier. Nous la visiterons tout à l'heure; revenons à l'histoire.

Les seigneurs de Bruyères étaient du nombre des chevaliers à qui, par redevance féodale, Philippe-Auguste confiait pendant deux mois chaque année la garde de son château de Montlhéry. L'un d'eux, au retour d'une croisade, fit bâtir dans les bois voisins le prieuré de Saint-Thomas qui devint célèbre plus tard sous le nom de *Plessis-Saint-Thibault*. Un autre, Téhan, obtint de Louis IX le titre de baron ; son fils fonda dans le village un collège connu sous le nom de *Collège Mignon*.

Louis IX, en 1228, et sa mère Blanche de Castille habitèrent la forteresse de Bruyères. Ils étaient venus là de Châtres chercher un asile contre les entreprises de Philippe de Bourgogne et autres conjurés réunis à Corbeil.

Jusqu'en 1786, on conserva, avec le mobilier qui avait servi à saint Louis, la chambre qu'il avait habitée.

Louis XII, en 1512, accorda à Bruyères le titre de *bourg* et y autorisa la création d'un marché hebdomadaire et de deux foires par an. Louis de La Rochette était alors seigneur du lieu et ses parents conservèrent le château jusqu'en 1641.

Plusieurs fois assiégé pendant les guerres des quatorzième et seizième siècles, le château fut naturellement pillé et incendié à diverses reprises.

Bien que modernisé par ses propriétaires successifs, l'édifice est encore de belle et grande allure; ses fossés ont été comblés, mais sa porte d'entrée flanquée d'une tour ronde à toit en poivrière accompagnée d'une tourelle d'escalier est bien conservée; couronnée de créneaux, accostée d'une étroite poterne, gardant sur sa façade les rainures où venait s'appuyer le pont-levis, sur l'un de ses flancs intérieurs, la banquette de pierre où les hommes d'armes s'asseyaient ou posaient leurs mousquets, on la trouverait menaçante si elle ne débouchait sur l'allée sablée d'un beau parc, près d'une verte pelouse à côté du logis principal devenu maison de plaisance.

Le chœur de cette chapelle Notre-Dame dont nous parlons plus haut existe encore, il sert d'oratoire et forme à gauche de la construction une saillie qui n'est pas sans grâce. Sous le lierre qui, du côté du village surtout, tapisse les murs et s'accroche aux contreforts, on devine une construction épaisse et forte; au sommet, où le regard cherche des créneaux et des mâchicoulis, il rencontre la rampe d'une terrasse.

Après avoir été, comme nous l'avons dit, la propriété des La Rochette, Bruyères passa à Jean-Louis de Lépinette Le Mairat; il était le chef d'une famille de magistrats, à laquelle appartenait sans doute la marraine de la cloche de Saint-Sulpice de Favières, et la terre fut, en sa faveur, érigée en marquisat le 11 août 1676. En 1781, le domaine fut vendu au maréchal de Castries, alors ministre de la guerre, qui ne l'habita pas, et y fit loger quelques gendarmes de la maison du roi. Pendant la Révolution, Monge et Pache, un maire de Paris du temps, demeurèrent pendant quelque temps au château.

Le duc de Brancas-Céreste acheta la terre à M. de Castries et la revendit peu d'années après à M. de Cimeuil ; en 1806, l'architecte Villiers en devenait propriétaire. Depuis, le domaine passa dans la famille du baron Charlet; vers 1870, il fut acquis par l'armurier Lefaucheux ; il appartient maintenant à M. de La Faulotte.

L'église Saint-Didier, aujourd'hui placée dans le centre du village, a, nous l'avons dit, été construite au onzième siècle, mais elle a dû depuis ce temps subir bien des modifications qui en ont altéré le caractère primitif. Un porche en précède l'entrée, elle n'a intérieurement qu'une nef et un collatéral à droite ; celui de gauche a probablement existé, mais il n'en reste plus qu'une amorce formant chapelle auprès du chœur. Les arêtes des voûtes s'appuient sur des chapiteaux sculptés souvent cachés par des boiseries moulurées.

Redescendant maintenant la colline non sans avoir contemplé une fois encore toute la vallée de l'Orge qu'elle domine, nous trouvons à peu de distance, isolée dans la plaine, la gare qui dessert Breuillet, bien qu'elle en soit éloignée d'environ 2 kilomètres. Sautons dans un train qui va partir et dans seize minutes nous serons à Brétigny.

Brétigny, Saint-Michel, Montlhéry, Linas.

La gare de Breuillet est, nous venons de le dire, à 2 kilomètres du pays dont elle porte le nom ; mieux située, celle de Brétigny-sur-Orge est à peu près au milieu du village; celui-ci s'étend en longueur de chacun de ses côtés et groupe ses maisons, ses rues et les plaines qui les coupent au pied d'un mamelon qu'il semble n'oser escalader et sur le sommet duquel, au delà d'un petit bois, derrière quelques villas bourgeoises entourées de jardins, on distingue la masse brune de l'église Saint-Pierre et le mur blanc de la cure.

L'église Saint-Pierre, que l'on appelle aussi le Guet-Saint-Pierre, sans doute à cause de sa position élevée, est un monument à trois nefs sans transept et sans abside ; les arêtes des voûtes, un peu basses, mais de dessin gracieux, reposent à droite de la nef centrale sur des colonnes aux chapiteaux feuillagés, à gauche sur de forts piliers. Les bas côtés sont écrasés et le paraissent plus encore, assombris qu'ils sont par un plafonnage bleu étoilé d'or. Le chœur à fond plat a reçu sur ses murs et sur ses piliers une décoration peinte dans le goût du douzième siècle. Un clocher carré, auquel on souhaiterait une plus grande hauteur, couronne l'édifice.

Brétigny.

L'église, on le voit, ne saurait nous retenir longtemps,

mais le tableau qui, de son seuil, se déroule sous nos yeux, est un de ceux dont l'étendue séduit, dont la couleur captive, dont la variété charme. C'est encore une fois — mais qui songe à le regretter ? — la vallée avec ses collines lointaines, ses bouquets d'arbres, ses frais ruisseaux, ses fermes, ses moulins, ses plaines que tachent après la moisson les cônes bruns des meules dorés au faîte par les rayons du soleil.

Continuant à nous diriger vers le nord, nous rencontrons bientôt Saint-Michel. Le village par lui-même est d'un mince intérêt, mais il est le siège d'un dépôt important de la Compagnie du chemin de fer d'Orléans. C'est là que s'arrêtent les touristes qui désirent visiter Montlhéry, Longpont, Linas ou Marcoussis et ceux aussi qui se dirigent vers la forêt de Séquigny et le joli village de Sainte-Geneviève-des-Bois, qui se trouve sur sa lisière sud-est.

Traversée par des chemins et des sentiers fort bien entretenus et tous tracés en ligne droite, la forêt de Séquigny a l'aspect d'un parc immense. C'est sous ses ombrages, au cours d'une chasse, que Louis XIV, en 1678, remarqua pour la première fois Mlle de Scoraille, plus connue sous le nom de *duchesse de Fontanges,* qui, au dire de l'abbé de Choisy, était « belle comme un ange et bête comme un panier », et ne régna pas moins environ trois ans sur le cœur du roi Soleil.

En ce temps-là, Sainte-Geneviève-des-Bois avait un château, dont les Noailles étaient propriétaires et où ils reçurent souvent Louis XIII et Louis XIV; on y voyait aussi une église qui, à la prière de la châtelaine, avait été consacrée le 30 juillet 1679 par Louis-Antoine de Noailles, évêque de Cahors.

Il ne reste rien du château, si ce n'est un pigeonnier; l'église, vers 1873, a été démolie et remplacée par un édifice que vous verrez au bout du village, vis-à-vis le bâtiment où sont réunies la mairie et les écoles. Cette église n'est à proprement parler qu'une chapelle, elle sert de lieu de réunion aux pèlerins qui se rendent à l'entrée du bois et vont prier devant une statue de Sainte-Geneviève, debout au-dessus d'une fontaine dans une petite cour souterraine.

Depuis 1871, le cimetière du pays est, chaque année, le jour de Pâques, le but d'une sorte de pèlerinage encore ; les jeunes gens de Sainte-Geneviève et ceux des villages voisins viennent déposer des couronnes de fleurs au pied d'une croix en granit portant cette double inscription :

ANDRÉ DELORME	JEANNE BERNIER
MORT POUR LA PATRIE	TUÉE PAR L'ENNEMI
1870	1870

Voici la simple et touchante histoire de ces deux jeunes gens. Jeanne et André étaient fiancés quand la guerre éclata. La première avait dix-sept ans, le second, dix-neuf. André partit. Un soir, quoique blessé grièvement à Choisy-le-Roi, il suivait à travers bois des sentiers familiers seulement aux gens du pays ; il voulait dire adieu à Jeanne. Quand il entra dans sa demeure, il trouva la jeune fille se débattant contre un officier prussien. André tira son revolver, fit feu, l'officier tomba mort. La détonation attira des compagnons de la victime; ils s'emparèrent de Delorme, le ligotèrent et l'adossèrent à un mur. « Je meurs pour ma patrie et pour ma fiancée ! », dit le jeune homme. Jeanne s'élança vers lui, une fusillade éclata ; unis dans la mort, les deux fiancés roulèrent à terre.

De retour à Saint-Michel, après cette courte promenade, nous traversons le village et nous nous arrêtons un instant à l'église. C'est une construction moderne, mais on y conserve avec soin et l'on y montre avec orgueil quatre belles verrières du seizième siècle habilement restaurées.

Une route directe, dominée par le mamelon au sommet duquel se dresse, fière encore, la vieille tour féodale, court dans la plaine et nous conduit à Montlhéry.

A mi-chemin, nous rencontrons le vaste domaine de Lormoy. Le château, qui fut autrefois la résidence d'été des abbés commendataires de Longpont, a été reconstruit en 1837 par l'architecte Charpentier qui s'est inspiré du style italien. Le parc contient de fort beaux massifs et des pelouses magnifiques ; il est traversé par l'Orge et mesure à peu près 1 kilomètre en tous sens. Cette belle propriété appartient aujourd'hui à M. Say.

Montlhéry est un village d'origine gauloise que les anciens actes désignent sous les noms de *Mons Lethericus*, *Mons-le-Hericus*, *Monsel Hericus*, et dont une charte du roi Pépin, datée de 768, constate l'existence.

Vers 1010, Thibaud, surnommé *File-Etoupe*, à cause de la couleur de sa chevelure, était forestier du roi Robert et obtint de lui la permission de bâtir une citadelle sur le sommet de la colline.

Cent ans après, le château de Montlhéry était devenu un véritable repaire de brigands ; ses possesseurs terrifiaient la contrée et faisaient même parfois trembler les rois de France.

L'un d'eux, Philippe Ier, aima mieux contracter alliance avec Guy de Trousselle, alors seigneur du lieu, que d'entreprendre contre lui une lutte dont l'issue était douteuse. Un fils que le roi avait eu de Bertrade, et connu sous le nom de *Philippe de Mantes*, épousa la fille de Guy. Celle-ci reçut en dot la redoutable forteresse qui devint alors propriété royale. Néanmoins, sous Louis le Gros, sa possession fut encore disputée à la couronne. Le roi consentit à l'abandonner à Milon de Bray, vicomte de Troyes. Un cousin de celui-ci, Hugues de Crécy, éleva à son tour des prétentions sur la seigneurie, s'arma pour les soutenir, et ayant réussi à s'emparer de la personne de Milon, il l'emprisonna dans le château de Montlhéry, puis une nuit, après l'avoir étranglé de ses propres mains, il précipita son cadavre par une fenêtre.

Appelé devant son suzerain, Amaury de Montfort, pour répondre de ce forfait, Hugues en fit l'aveu, puis touché de repentir, il abandonna la forteresse au roi de France et se retira dans un monastère.

Devenus maîtres de la place, les rois en augmentèrent l'importance. Louis VI fit restaurer le château, Louis VII y vint fréquemment, fonda dans le bourg un hôtel-Dieu et bâtit une église dédiée à Notre-Dame. Philippe-Auguste fit de Montlhéry le siége d'une de ses prévôtés royales et institua un service de garde qui était fait tour à tour pendant deux mois par un certain nombre de chevaliers relevant de la seigneurie. En 1228, une reconstruction complète venait d'être achevée, Louis IX y vint avec sa mère chercher un refuge contre les seigneurs soulevés. Lieu d'asile au treizième siècle, le château devint une prison plus tard. Sous Philippe le Bel, le comte de Hainaut, qui s'était révolté contre le roi, fut enfermé dans le donjon, et Louis de Flandre, un rebelle aussi, défait en 1311, y fut incarcéré à son tour.

Sous le règne du roi Jean, en 1360, c'était du haut de la tour de Montlhéry qu'Édouard III, roi d'Angleterre, qui habitait le château, surveillait ses troupes, tandis qu'elles tenaient la campagne jusque sous Paris.

Au quinzième siècle, dès l'an 1417, la place était tombée au pouvoir du duc de Bourgogne; Tanneguy du Châtel, prévôt de Paris, réussit à la reprendre et la rendit au roi. En 1465, le 16 juillet, la plaine qui avoisine le village et le sépare de Longpont, fut témoin de la rencontre de l'armée de Louis XI et de celle de la Ligue du bien public commandée par Charles le Téméraire, alors comte de Charolais. La journée fut chaude, la bataille acharnée, les prodiges de valeur nombreux ; vers le soir, une panique générale s'empara des combattants, les deux armées se débandèrent. Le roi, à peu près seul sur le champ de bataille, se retira au château et partit ensuite pour Corbeil. Le comte de Charolais resta sur ses positions et conséquemment s'attribua le gain de la bataille, que, de son côté, le roi de France revendiqua aussi.

A la suite de ces événements, Montlhéry fut à peu près oublié; au temps de la Ligue, il fut démantelé, détruit, abandonné aux constructeurs qui en firent une carrière de matériaux. En 1605, un sieur de Bellejambe obtint des lettres patentes qui l'autorisaient à démolir ce qui restait de la forteresse pour se bâtir une maison, mais toutefois avec interdiction expresse de toucher au donjon.

C'est à cette restriction que nous devons de voir la tour debout encore,

Par un sentier tracé sur le flanc de la colline, nous arrivons à un pont jeté sur un reste de fossé ; ce pont traversé, nous sommes sur ce qui fut l'esplanade du château. Devant nous s'élève le donjon haut de 32 mètres, flanqué d'une tourelle renfermant un escalier de 132 marches, le tout solide encore, d'un beau ton gris de vieille pierre, taché de quelques points rouges indiquant des réparations exécutées en briques. Autour de nous s'éparpillent quelques tronçons de tours, quelques débris de murs, un puits et l'entrée d'anciens souterrains aujourd'hui comblés.

Auprès de la tour, à l'endroit où s'enfoncent dans le sol les quelques degrés qui conduisaient aux souterrains, on avait construit autrefois une tour que surmontait un télégraphe Chappe. Les ruines sont classées au nombre des monuments historiques et c'est à cette circonstance que l'on doit les travaux de consolidation qui ont été exécutés, la réfection de l'escalier qui jadis était inaccessible, et celle aussi des mâchicoulis.

Ce qui reste de cette puissante forteresse est insuffisant pour permettre de la reconstruire par la pensée, mais permet de ne conserver aucun doute sur la fidélité des descriptions qui nous en sont parvenues. D'après ces documents, la principale entrée s'ouvrait du côté de la ville, il fallait franchir cinq portes, gravir trois terrasses élevées les unes au-dessus des autres et traverser cinq enceintes avant d'arriver au donjon. Chaque terrasse avait sa porte, ses murs et ses tours ; chaque porte était flanquée de tours rondes plongeant dans des fossés et munies de ponts-levis. L'esplanade, large de 14 mètres, longue de 44, contenait les principaux bâtiments, le donjon, le puits, l'entrée des souterrains, et était fortifiée par quatre tours hautes de 20 mètres.

La porte de la tour ouverte, nous nous trouvons dans une sorte de haut cylindre, car les planchers qui séparaient les

TOUR DE MONTLHÈRY.

DESSIN DE A. DEROY.

cinq étages et les voûtes des salles ont été détruits. Dans la partie inférieure, construite au treizième siècle, la muraille a 2m,40 d'épaisseur (1); on y conserve quelques cercueils en pierre qui ont été découverts au cours des fouilles exécutées pour le tracé de la ligne de tramways qui relie Arpajon à Paris.

On se trouve sur ce plateau au point séparatif des vallées de l'Orge et de la Juine et l'on jouit d'un point de vue magnifique. D'un lointain horizon, les collines vertes descendent en pentes douces, les routes tracent de longues lignes blanches, les arbres éparpillés dans les prairies frémissent sous le souffle de la brise ; quelques fermes font des taches brunes dans l'espace, quelques toits des taches rouges, quelques clochers se profilent en gris sur le ciel ; au loin flottent des fumées que le soleil argente à midi et empourpre à l'heure de son coucher ; sur tout cela plane un majestueux silence.

A l'est du mamelon, à côté du coquet café des Ruines, on a construit en 1886 un beau réservoir en maçonnerie qui reçoit les eaux de Linas et alimente le village de Montlhéry ; tout auprès, on dirait une bouture de la colline, on voit une forte butte de terre connue sous le nom de *butte de Montlhéry* et qui est, assure-t-on, un tumulus romain ; l'accès n'en est pas précisément facile, mais, quand à travers un sentier étroit et rocailleux, on est parvenu à en gagner le sommet, on se retrouve une fois encore au centre d'un cirque de plaines verdoyantes limité par une suite de riantes collines.

Le pays tasse au pied de ces monticules ses maisons basses et grises autour de son église de la Sainte-Trinité. Celle-ci est un monument souvent remanié depuis son origine, mais qui conserve encore quelques parties remontant au treizième siècle.

Tout auprès de l'église, dans une ruelle étroite, on voit

(1) Les trois derniers étages du donjon n'ont été construits qu'au quinzième siècle.

l'hôtel-Dieu fondé par Louis VII en 1149. La porte en est excessivement curieuse; elle est décorée de figures symbolisant avec une rare énergie les horribles maladies soignées dans les maladreries du temps: fièvre, lèpre, mal des ardents, etc.; tout cela bizarre, grimaçant, tuméfié, mais profondément impressionnant, constitue la seule curiosité de l'hôpital qui, bien que dirigé par des sœurs, ne possède même pas de chapelle.

Porte de l'hôtel-Dieu.

Le bourg, nous l'avons fait observer, est de teinte grise, il ne faut pas croire pourtant qu'il soit inactif. Son marché du lundi est très animé; il s'y traite d'importantes affaires en grains, céréales, fruits et légumes; on y vend aussi une grande quantité de certains fromages blancs fabriqués dans le pays et connus sous son nom. Ajoutons que l'air est fort sain à Montlhéry; aussi y voit-on plusieurs institutions de jeunes garçons et de jeunes filles.

A l'extrémité du pays, nous trouvons la porte Baudry; c'est une haute arcade percée dans une épaisse muraille au sommet maintenant couvert de verdure; on peut la consi-

DESSIN DE A. DEROY

dérer comme un souvenir. Le premier seigneur de Montlhéry, Thibaud File-Étoupe, la fit construire en 1015. Elle fut réédifiée en 1589 et restaurée sous le Consulat par les soins de Goudron du Tilloy, alors maire de la ville.

La porte Baudry franchie, nous sommes à Linas ; c'est un pays exclusivement agricole aujourd'hui, dont il est fait mention dans une charte de Louis d'Outremer édictée en 936. La commune compte environ 1150 habitants ; elle est arrosée par la Salemouille, petit affluent de l'Orge, et l'une des stations du tramway d'Arpajon. Linas pourrait passer pour un faubourg de Montlhéry à qui il a été plusieurs fois question de le réunir ; il eut pourtant son importance autrefois. Il était le siège d'un archidiaconé diocésain, sa collégiale de Saint-Merry était desservie par une communauté de chanoines ; quant à sa seigneurie, elle se partageait entre ces chanoines, les seigneurs de la Roue et les commandeurs du Déluge.

Linas est situé sur la route d'Orléans ; au temps des diligences, les auberges y étaient nombreuses et faisaient d'excellentes affaires. Aujourd'hui, les lourdes voitures n'ébranlent plus le pavé du bourg, mais les cyclistes des deux sexes en ont appris le chemin, ce qui lui a rendu un peu d'animation.

L'église, toujours placée sous l'invocation de Saint-Merry, a été restaurée en 1875 sous la direction de M. Laroche, de Corbeil ; c'est un beau vaisseau à trois nefs, aux murs ornés de quelques curieuses pierres tombales, terminé par un chœur du treizième siècle et surmonté d'un clocher de la même époque. Mais là n'est pas l'intérêt de notre visite.

A côté de la sacristie s'ouvre une petite porte donnant accès à un escalier si raide qu'on serait moins surpris de le trouver dans un moulin que dans une église ; il conduit à ce qu'on nomme encore la *salle du Chapitre*. On conserve dans cette salle, nous serions tenté de dire on « cache » deux tableaux de Philippe de Champaigne, deux savoureux portraits de jeunes pensionnaires de l'abbaye de Port-

Royal, Marguerite Perrier, nièce de Pascal, âgée de dix ans, et Claudine Baudron, âgée de quinze ans.

Nées de la même inspiration, les deux œuvres ont une grande similitude, les deux jeunes filles portent le même costume blanc des novices de Port-Royal, toutes deux sont agenouillées et en prière devant le même autel éclairé par des cierges fichés dans des flambeaux rouges et supportant un reliquaire qui contient cette épine de la couronne du Christ qui fit, dit-on, à Port-Royal plusieurs miracles dont l'Église orthodoxe ne reconnaît pas l'authenticité. Ceci est évidemment une chapelle du fameux couvent, et tous les détails, architecture et accessoires, sont d'une exécution irréprochable. Quant aux portraits, les poses en sont simples, naturelles, les physionomies candides et naïvement recueillies. On sait à quel degré de perfection le grand artiste a élevé l'art du portrait, ceux-ci sont deux belles pages de son œuvre.

Quant à l'espèce d'exil auquel ces toiles sont condamnées, elles le doivent à leur origine janséniste. Mgr Gros, évêque de Versailles, les a fait jadis retirer de l'église où le curé les avait placées sans songer à mal, et reléguer dans cette espèce de grenier.

Marcoussis, Longpont, Villiers-sur-Orge, Épinay-sur-Orge.

Linas et Montlhéry se touchent, nous revenons donc vers ce dernier village pour poursuivre notre excursion et nous le quittons par la rue de Marcoussis ; la route d'Orléans traversée, nous sommes dans une vaste plaine bordée de collines aux pentes cultivées, aux sommets frangés de légers feuillages.

Si nous nous retournons, ce qui arrive à tout voyageur, nous revoyons à côté de la masse grise et brune du village que nous venons de quitter, le mamelon feuillu couronné par la tour droite comme un point d'admiration ; au sud, s'étend l'immensité tachée de blanc par les fermes, de vert par les bouquets d'arbres ; au nord, l'horizon est plus borné, les coteaux cultivés dévallent jusqu'à nos pieds, bordant la route de quelques plants de vignes.

Poursuivons notre route, passons devant un château, petite construction blanche dans un vaste parc moitié plaine et moitié bois, suivons pendant quelque temps le mur qui l'enclôt et nous arriverons à Marcoussis.

Le village allonge ses rangées de maisons basses, grises, silencieuses entre un coteau et une plaine; c'est une longue rue à peine égayée de temps à autre par la verdeur d'un jardinet. On le traverse tout entier sans entendre un autre bruit que celui d'un marteau de maréchal ferrant rebondissant sur une enclume ou le sifflement de la varlope d'un menuisier sur une volige ; le regard cherche en vain ce qui fait la gaieté des petits pays, le toit et le clocher d'une église.

Ceci nous laisse plus de temps qu'il ne nous en faut pour rappeler ce que Marcoussis fut autrefois.

La création du pays remonte au septième siècle, elle est due à l'établissement d'un prieuré fondé par la célèbre abbaye de Saint-Wandrille.

Bien que la localité soit devenue promptement le siège d'une seigneurie, bien qu'on ait retenu les noms de quelques-uns de ceux qui la possédèrent, elle n'entre réellement dans l'histoire qu'au quatorzième siècle, alors que Jean de Montaigu, ministre de Charles VI, tout-puissant et au comble de sa faveur, y fit construire sur l'emplacement d'un vieux logis nommé la *Maison Fort*, un des plus importants monuments de l'époque.

Auprès de son château, Jean de Montaigu avait fondé un prieuré de célestins qui devint fort riche et fut célèbre, grâce au savoir des religieux qui y résidèrent. Lorsque l'ordre fut supprimé en 1779, le prieuré, qui ne comptait que onze religieux et quelques frères servants, possédait encore 80000 livres de rente. Le monastère, à l'exception d'un bâtiment transformé en maison de campagne, a été détruit pendant la Révolution.

Reprenons où nous les avons laissées, l'histoire de la seigneurie et celle du château.

Jean de Montaigu fut décapité aux Halles de Paris le 17 octobre 1409 ; ce qui resta de son cadavre, après une longue suspension au gibet de Montfaucon, fut recueilli par les célestins et inhumé dans leur chapelle. Les terres demeurèrent pendant un certain temps encore dans la famille de Montaigu, puis passèrent aux Graville, qui y reçurent les royales visites de Louis XI, de Charles VIII et de Louis XII ; ce dernier, en 1498, échangea à Marcoussis les ratifications du traité de paix qu'il avait conclu avec Elisabeth de Castille et Ferdinand d'Aragon.

Les Balzac d'Entragues succédèrent aux Graville. Henri IV vint souvent à Marcoussis visiter la belle et astucieuse Henriette, et l'on assure qu'en 1600, séjournant au château, le Béarnais lui signa une de ces promesses de mariage qui lui coûtaient si peu et qu'il ne tenait jamais. En 1650, et avec le consentement de Léon de Balzac d'Entragues, le château servit pendant trois mois de prison aux princes de Condé, de Conti et de Longueville, que Mazarin avait fait arrêter. Le marquis de Rieux devint titulaire de la seigneurie après les d'Entragues, puis au siècle dernier la comtesse d'Esblignac lui succéda. Louis XV et Louis XVI, quand ils venaient chasser dans les bois voisins, acceptaient souvent l'hospitalité de la châtelaine. Un des héritiers de la comtesse, le marquis Chastenet de Puységur, craignant que l'antique demeure ne fût convertie en prison d'État, la fit démolir en 1804.

Malgré son aspect paisible, Marcoussis est un des plus riches villages de la banlieue parisienne ; son commerce en primeurs, violettes, fraises, légumes et fromages, est d'une grande importance. Quelques industries y sont florissantes aussi ; on y fabrique des chaussures et des sabots.

Pendant la guerre franco-allemande, Marcoussis fut occupé par les Bavarois, commandés par le général von der Thann, et soumis aux réquisitions les plus onéreuses et aux plus humiliantes vexations. Un jour, pour imposer le village, on prétendit que les habitants avaient tiré des coups de fusil. En réalité, des soldats allemands avaient déchargé leurs pistolets. M. J. Girard, homme énergique, maire de la commune, dévoila la ruse et faillit périr victime de la rage des coupables. A cette triste époque se distingua particulièrement encore la receveuse des postes, Mlle Dubourg, qui, avec un courage au-dessus de tout éloge et chargée de paquets de correspondances, réussit à traverser les lignes prussiennes.

Comme souvenir de son passé et du fondateur de sa gloire, Marcoussis a conservé les armes des Montaigu : *d'argent, à la croix d'azur, cantonné de quatre aigles au vol éployé de gueules, becquées et membrées d'or.*

Au bout du pays, à deux pas de la mairie et des écoles, l'une fort simple, les autres assez belles, au fond d'une place plantée d'arbres, nous rencontrons enfin l'église. Elle est placée sous l'invocation de Sainte-Marie-Madeleine et se présente à nous par son chevet ; on devine un chœur terminé par un mur droit et éclairé par une belle fenêtre ogivale à trois divisions et un transept de même style.

Le chœur a été construit en même temps que le prieuré et le château, l'église a été agrandie par les Graville et les Balzac d'Entragues ; la façade date de la Renaissance, elle a été restaurée vers 1887.

On remarque à l'intérieur une Vierge en marbre blanc, œuvre du seizième siècle ; des stalles provenant de l'ancien prieuré ; une *Mater dolorosa,* tableau de l'école de Ribera, et enfin des verrières modernes signées Lorin de Chartres, au chœur, et Nazier et Forest dans la tribune de l'orgue.

A quelques pas du village, à l'ouest, est l'ancien domaine seigneurial. De la forteresse dont nous avons parlé, il ne reste plus qu'une tour et quelques débris de murs. Le château, réédifié dans le goût de la Renaissance quand le marquis de La Baume-Pluvinal épousa la petite-fille de M. de Puységur, est une vaste et luxueuse demeure.

Assez rapidement, et en passant par la plaine où se livra la bataille de Montlhéry, nous arrivons à Longpont, village ainsi nommé en raison de la longue et large chaussée qui le relie à la rive droite de l'Orge et donne par quelques arches passage aux divers bras de la rivière.

Marcoussis doit son illustration aux célestins, Longpont doit la sienne aux bénédictins, mais, il faut le remarquer, ce dernier bourg semblait de toute antiquité être destiné à devenir un lieu de prière.

De temps immémorial, et dans une humble chapelle, paysans des environs et pèlerins de tous lieux venaient à l'envi s'agenouiller devant la statue d'une Vierge mère trouvée dans le tronc d'un chêne druidique et quelque peu parente sans doute de cette *Vierge qui devait enfanter,* dont nous avons parlé en visitant Notre-Dame de Chartres (1).

Au neuvième siècle, cette chapelle s'était transformée déjà en une église paroissiale placée sous l'invocation de Notre-Dame et desservant outre Longpont, les villages de Guyperreux, Cormeil, Ménil, Grateau et Villebouzin.

Au temps de Robert le Pieux, Guy de Trousselle, comte de Montlhéry, et sa femme Hodierne trouvant l'église trop petite, eu égard au nombre de dévots qu'elle attirait, obtinrent de l'évêque de Paris l'autorisation d'en construire une nouvelle et de la faire desservir par des bénédictins ; dame Hodierne alla demander elle-même ces religieux à l'abbé de Cluny.

Le roi de France protégea le prieuré naissant. Ses libéralités, celles de ses successeurs, celles de divers pieux personnages, contribuèrent à l'enrichir. Il devint fort opulent et fut, comme la plupart des monastères de ce temps, non seulement un lieu de piété, mais encore un centre de hautes études, une ruche d'infatigables travailleurs.

Les bâtiments conventuels s'élevèrent rapidement, mais l'église ne put être entièrement achevée qu'au quinzième siècle.

Les guerres de religion furent particulièrement fatales au prieuré de Longpont, il fut dévasté, et les moines qui l'ha-

(1) *Promenades et Excursions dans les environs de Paris,* région de l'Ouest, septième excursion, p. 263.

bitaient durent se réfugier à Paris dans leur maison de Saint-Julien le Pauvre.

Lors de la Révolution, quand le prieuré fut aboli, ses bâtiments devinrent bien national ; ils restèrent debout jusqu'en 1822 ; à cette époque, on les abattit tous. La pioche frappait déjà la vieille église ; le chœur, le transept, la flèche qui s'élevait au centre de l'édifice, étaient tombés sous ses coups. Un paroissien, le général Barrois, intervint énergiquement et réussit à arrêter la démolition. Grâce au zèle de l'abbé Arthaud, qui fut curé de Longpont pendant trente-quatre ans et qui mourut en 1877, MM. Dainville et Naples, architectes, purent reconstruire les parties abattues et les raccordèrent très harmonieusement à celles qui étaient restées debout. L'œuvre de reconstitution est néanmoins inachevée, les ressources dont on disposait étant épuisées. La flèche n'a pas été rétablie.

Notre-Dame de Longpont, aujourd'hui classée parmi les monuments historiques, est néanmoins un édifice imposant et curieux. Le portail ogival, réparé jadis par Anne de Bretagne et Charles VIII, s'ouvre au-dessous d'une rose à six feuilles, dans un pignon encadré de contreforts, terminé par un comble triangulaire et accosté d'une tour massive dont l'unique étage est percé de hautes fenêtres ; la plate-forme, substituée à l'étage supérieur, est couverte d'une pyramide écrasée.

Quatre statues colossales, deux à droite, deux à gauche, décorent les ébrasements du portail ; elles représentent *saint Denis, saint Laurent* et deux *Apôtres*. Décapitées, debout sous leurs dais ouvragés, elles semblent protester encore contre le vandalisme dont elles ont été victimes. Une *Vierge* portant son enfant dans ses bras s'appuie au trumeau central ; plus heureuse que ses voisines, cette statue qui, ainsi qu'elles, avait été mutilée au seizième siècle, a été restaurée en 1858. Elle est d'un fort bel effet décoratif.

La double voussure du portail est ornée de suites de figures symbolisant *les Vierges sages et les Vierges folles ;* c'est un de ces petits poèmes finement sculptés, que les artistes de la Renaissance savaient si bien écrire dans la

Notre-Dame de Longpont.

pierre ; le temps et les hommes l'ont épargné, il est lisible encore.

Des bas-reliefs décorent le tympan; celui qui remplit la partie supérieure est le mieux conservé, il représente le *Mariage de la Vierge;* deux autres placés au-dessous : l'*Ensevelissement* et *la Résurrection de la Vierge*, sont absolument mutilés. Dans les rinceaux courent des festons de vignes sculptés avec une délicatesse infinie. Les niches, vides aujourd'hui, que vous voyez aux côtés de la rose renfermaient autrefois les statues de la reine Anne de Bretagne et du roi Charles VIII.

Le sol de l'église est en contre-bas, il faut descendre une dizaine de marches pour l'atteindre. Ceci fait, on entre dans une nef à six travées séparée des bas côtés par des arcades romanes à double archivolte; un triforium aveugle, qui redeviendra ajouré quand la restauration sera complète, règne au-dessus de ces arcades; de petites baies à plein cintre s'ouvrent dans les parties hautes; la voûte repose sur des colonnes à chapiteaux feuillagés. De petites fenêtres géminées à plein cintre éclairent l'abside et les bras du transept.

Dans le chœur a été inhumé l'abbé Arthaud; quant aux nombreux personnages jadis enterrés dans l'église, il n'en est que quelques-uns dont le souvenir soit rappelé par des pierres tombales et des inscriptions sur plaques de marbre fixées aux murs. Citons la fondatrice du couvent Hodierne, Louis de France, comte d'Évreux, petit-fils de saint Louis, mort au prieuré en 1318, enfin plusieurs membres de la famille de Maillé.

Il ne faut pas quitter l'église sans se faire ouvrir l'*armoire du Trésor*. Vous verrez là toute une riche collection de souvenirs et de reliques provenant pour la plupart de l'ancien prieuré; parmi les pièces les plus curieuses, il faut citer un *portrait de saint Bernard* peint sur émail, une *lampe* antique en terre cuite, une *croix reliquaire* en vermeil de forme byzantine, etc., etc.

Les pèlerinages de Longpont ont lieu deux fois chaque année, à la Pentecôte pendant trois jours, au mois de septembre pendant neuf jours. Ces solennités amènent jusqu'à 3000 personnes dans le pays.

Un sentier qui commence dans le village débouche dans la campagne et surplombe la large vallée, rayée de champs en culture, plantée d'arbres et dominée au loin, à droite, par les bâtiments blancs et rouges de l'asile de Vaucluse. Le chemin incline légèrement à droite et passe devant la Maison-Rouge, un petit château Louis XIII, blanc, rouge et gris, quelque chose comme une réduction d'un des pavillons de la place des Vosges de Paris transporté sur le seuil d'un grand parc. Cette propriété appartint autrefois à la comtesse du Barry et fut habitée par sa mère, qui avait pris le nom de *Mme de Montrable.*

Villiers-sur-Orge, que nous traversons rapidement ensuite, est une commune qui ne compte pas 300 habitants ; elle est dominée à gauche par le château de Villebouzin ; c'est l'ancienne demeure des seigneurs de Longpont, le dix-huitième siècle l'a enrichie d'une élégante chapelle et d'une jolie salle de spectacle. Quant au pays moitié bourgeois, moitié agriculteur, vous le visiterez tout entier sans y rencontrer une boutique. Il fut autrefois une seigneurie que possédèrent, au dix-septième siècle, la marquise de Brinvilliers, de sombre mémoire, et au dix-huitième, le gastronome Grimod de la Reynière. Un sentier qui descend vers l'Orge longe les murs du vaste domaine de Vaucluse.

Vaucluse, dont le château coquet n'est pas détruit malgré la transformation de la propriété, appartenait, au dix-huitième siècle, au bailli de Crussol d'Uzès et s'appelait la *Gilquenière.* Une société élégante, spirituelle, amie du plaisir, se réunissait là ; le comte de Provence, fort lié avec le propriétaire, assistait souvent aux festins et aux fêtes offerts par M. de Crussol, et celui-ci eût été parfaitement heureux si le nom de son domaine eût été plus euphonique ; la Gilquenière, cela sentait sa roture et blessait l'aristocratique oreille du bailli. Il confia ses peines au comte de Provence qui, à la fin d'un repas, se déclara le parrain de la propriété et la baptisa *Vaucluse,* appellation que justifiaient quelques roches et une cascade ornant le parc.

Le domaine occupe un plateau qui domine la forêt de

Séquigny, le donjon de Montlhéry, l'abbaye de Longpont et toute la vallée.

L'asile de Vaucluse, ouvert le 1er janvier 1869, a été construit aux frais de la ville de Paris, sous la direction de l'architecte Bouteleu ; ses longs bâtiments blancs et rouges, gais d'aspect et séparés par des jardins ; son usine à gaz, ses fermes, ses champs en culture couvrent une superficie d'environ 124 hectares. On hospitalise, dans des quartiers spéciaux, environ 250 hommes et 380 femmes, et dans la colonie, 125 jeunes garçons idiots, arriérés, aliénés, qui suivent les cours d'une école et travaillent à la terre. Quant aux adultes, ils sont, lorsque leur état le permet, employés dans les ateliers de la maison. Tailleurs, cordonniers, menuisiers, charrons, etc., trouvent dans l'asile la possibilité d'exercer leur profession. Les femmes sont occupées à des travaux d'aiguille, à la buanderie, à la cuisine pour l'épluchage des légumes, etc.

Une chapelle de style roman, en forme de croix grecque, domine les bâtiments ; avec son air simple et grand, ses belles boiseries, son orgue, ses tribunes, ses tapis, on la prendrait plutôt pour la chapelle d'une aristocratique demeure que pour celle d'un établissement hospitalier. Elle n'a plus de desservant depuis 1885, époque où la maison a été laïcisée.

Rien n'est plus triste, nous avons eu l'occasion de le faire observer déjà, que le spectacle de cette inguérissable maladie qui s'appelle la *démence*. Ici, l'impression acquiert une intensité nouvelle en présence de ce groupe de malheureux enfants. Nés pour la plupart au bas de l'échelle sociale, pour la plupart aussi frappés de vices héréditaires, ils sont fatalement destinés à grandir dans la colonie, et quand ils auront seize ans, à entrer au quartier des hommes. Accordons-leur un regard de pitié profonde et reprenons notre marche.

Suivons pendant quelques instants la voie ferrée, passons sous une voûte qui la soutient, engageons-nous dans un petit bois, traversons Villemoisson, un village de cultivateurs qui compte environ 500 habitants, et visitons Morsang, Épinay et Savigny.

Ce sont trois villages arrosés par l'Orge qui, près d'Épinay, reçoit les eaux de l'Yvette descendant de la vallée de Chevreuse; ils sont situés dans une région féconde, luxuriante de verdeur, sillonnée de cours d'eau, émaillée de bouquets d'arbres; tout voisins les uns des autres, ils ont l'aspect de trois grands parcs fleuris, parfumés, entourant une foule de maisons de plaisance.

Morsang, le moins important de ces villages, a 700 habitants environ; il est situé sur la rive droite de l'Orge, vis-à-vis d'Épinay, placé sur la rive gauche. Il ne reste plus rien des murailles féodales qui l'entouraient autrefois et que l'on voyait encore au temps de Louis XIV, mais le château est debout. Cette propriété appartint jadis à l'intendant Berthier de Sauvigny, une des premières victimes de la Révolution; de nos jours, il fut la maison de campagne de Philippe Ricord.

Savigny, plus favorisé que Morsang, moitié plus peuplé aussi, est desservi par le chemin de fer et éclairé au gaz. De la gare, on aperçoit son château, mélange original des styles du quinzième et du dix-huitième siècle. Maison forte du temps passé, séjour de plaisance sous Louis XV, habitation d'un grand maréchal du premier Empire, le château de Savigny a été tout cela.

Sa partie centrale, un pavillon en briques au sommet couronné et flanqué de tours à toits aigus, s'ouvre par une porte ogivale encore garnie de sa herse; sa construction remonte au temps de Charles VII, au temps où la châtelaine de Savigny n'était autre que la *dame de Beauté*, Agnès Sorel. Plus tard, Étienne de Vèze, chambellan de Charles VIII, fit réparer et fortifier le château; aussi les ligueurs purent-ils y soutenir un siège en 1592. En 1735, le comte de Luc, de la maison de Vintimille, étant propriétaire du domaine, fit ajouter les pavillons blancs aux anciens bâtiments et adapta la demeure au goût du temps. Savigny fut alors successivement habité par trois sœurs dont le rôle,

CONFLUENT DE L'YVETTE ET DE L'ORGE, A ÉPINAY.

DESSIN DE F. DE MONTHOLON.

a puissamment contribué, a été achevée en 1892; les piliers carrés qui séparaient la nef des collatéraux ont été convertis en colonnes. On voit dans l'église un joli confessionnal, un maître-autel en marbre, deux élégantes consoles dix-huitième siècle, et enfin et surtout la verrière qui occupe le fond du collatéral gauche et représente un arbre de Jessé. C'est une œuvre du quatorzième siècle que le temps a respectée.

Longjumeau, Chilly-Mazarin.

Entre Épinay-sur-Orge et Longjumeau, l'Yvette, arrosant un gracieux vallon, court au pied des saules et des peupliers, actionne des moulins, arrose des prairies, passe devant le château de Charaintru ou de Sillery, entouré d'uu beau parc et récemment rebâti par son propriétaire M. Petit; devant Engelthal (*vallée de l'Ange*), maison de plaisance dont la façade est décorée de sculptures gothiques provenant d'une ancienne église de Corbeil; devant Balisis, hameau où fut jadis une commanderie de l'ordre de Malte. Vous le voyez, la promenade est intéressante, ajoutons qu'elle est charmante, grâce à la fraîcheur du paysage que nous parcourons.

Longjumeau est certainement fort ancien ; on assure que les rois de la première race y tinrent des plaids, conséquemment ils durent y posséder un palais ; néanmoins, les annales du bourg ne remontent pas au delà du neuvième siècle et ne sont pas riches en faits méritant d'être rappelés.

On sait pourtant que c'est à Longjumeau que fut signée, le 23 mars 1558, une paix qui interrompit pendant six mois seulement les luttes religieuses. Parmi les signataires de ce traité figuraient le sire de Mesmes, baron de Malassise, et Armand de Gontaut, baron de Biron, affligé de claudication; il n'en fallut pas plus pour que cette sorte de trêve fut surnommée *Paix mal assise* et *Paix boîteuse*.

Longjumeau relevait de la prévôté de Montlhéry ; ses seigneurs étaient ceux de Chilly, dont nous aurons l'occasion de parler tout à l'heure. Ils ont légué leurs armes à la ville; elle porte : *d'argent, semé de trèfles de sinople, à deux T de gueules en chef, et deux papegais aussi de sinople affrontés au-dessous.* En 1626, la terre fut érigée en marquisat en faveur d'Antoine Coiffier, seigneur d'Effiat.

Sur les côtés d'une rue centrale, qui n'est autre que la route d'Orléans, Longjumeau aligne sa longue suite de maisons vivantes et gaies, de magasins animés, d'auberges bien achalandées. L'une de ces dernières, située auprès du pont, au centre de la ville, avait pour enseigne *Au Postillon de Longjumeau* (1); quand les Prussiens occupèrent la ville en 1870, un de leurs officiers fut charmé de cette peinture sur tôle grinçant au vent au bout de sa potence et représentant le fameux postillon en selle et recevant le coup de l'étrier de la main d'une accorte servante; il l'acheta, dit-on, 500 francs à la propriétaire de l'auberge, Mme Boitte, et l'emporta comme objet d'art français. L'auberge a été fermée en 1892. Non loin de l'immeuble qu'elle occupait, vous verrez le *Café du Postillon ;* il est tenu par le petit-fils du dernier courrier de Longjumeau.

Mais ce côté anecdotique ne doit point nous faire oublier les choses sérieuses. Vis-à-vis le café, la mairie affecte, au fond d'une cour, un air de petit château; elle renferme une bibliothèque populaire qui n'est pas la seule mise à la disposition des habitants.

Longjumeau est le siège de la Société d'encouragement à l'instruction pour les arrondissements de Corbeil, de Pontoise et de Versailles. Cette société a été fondée en 1884, grâce à l'initiative de MM. Léon Robelin, François Coppée, Camille Flammarion, Léon Bourgeois, Daudet, etc. Elle compte aujourd'hui environ 1200 adhérents et possède une bibliothèque d'environ 15000 volumes qui se fractionnent en parties circulant de canton en canton et renouvelant

(1) *Le Postillon de Longjumeau*, opéra-comique d'Adam, a été représenté pour la première fois le 13 octobre 1836. Les paroles sont de de Leuven et Brunswick.

constamment ainsi le foyer d'enseignement. La Société fait de plus des cours et des conférences, protège les écoliers et les apprentis qui manifestent du goût pour l'étude, et deux fois, chaque année, distribue des récompenses aux élèves les plus méritants des contrées sur lesquelles rayonne sa protection. Ajoutons qu'elle a organisé pour les jeunes

Église Saint-Martin.

filles des cours professionnels très suivis où l'on enseigne la cuisine, la couture, le repassage, etc.

Nous ne pensons pas qu'on nous reproche de nous être complaisamment arrêté devant cette institution. Elle est de celles qui, à nos yeux, honorent la ville qui les possède.

Tout en haut du pays, au fond d'une place, dont un abreuvoir et une fontaine occupent le centre, se développe la façade gothique de l'église Saint-Martin; elle est percée de trois portes décorées de pilastres, de festons et de fleurons finement sculptés; l'intérieur, sans transept et sans abside, est de forme presque carrée ; les piliers datent du treizième siècle, les voûtes ont été refaites sous Louis XIV.

A gauche de la façade, sur un contrefort, se dresse une petite tourelle qu'on a prise parfois pour un conduit de cheminée, mais qui est en réalité une lanterne des morts, monument funéraire fort rare en nos contrées.

Loin de la grande rue, l'Yvette, comme la Bièvre à Paris, coule entre des tanneries et des mégisseries ; elle reflète dans ses eaux les toits rouges des lavoirs, les terrasses fleuries et les feuillages frémissants de jardinets échelonnés sur ses rives. L'endroit est charmant, malgré le voisinage des grands séchoirs et l'odeur de tan répandue dans l'air.

A quelques pas de la tannerie Robelin, dont la visite des ateliers est curieuse, et où l'on se fait une loi de ne point se servir des acides qu'on emploie maintenant en cette industrie, qui, paraît-il, accélèrent le travail au détriment de la qualité des cuirs, nous rencontrons — c'est aujourd'hui la maison de campagne de M. Galien — l'ancien prieuré de Saint-Éloi, dont furent abbés Théodore de Bèze avant sa conversion au calvinisme et le malheureux marquis de Cinq-Mars. Du pieux édifice, il ne reste rien qu'un fragment de la chapelle, une salle carrée, décorée d'une statue de saint Éloi au-dessus de sa façade.

Au sud du pays, nous vous avons signalé Balisis et sa commanderie ; à 2 kilomètres au sud-ouest, dominé par le château de Mont-Huchet, est le village de Saulx-les-Chartreux, ainsi nommé parce qu'un couvent, dont rien ne reste, y fut fondé en 1070.

Rendons-nous maintenant à Chilly-Mazarin, soit à pied, c'est une promenade, soit par le tramway qui fait le service de Paris à Arpajon.

Chilly-Mazarin, très réputé au moyen âge pour l'excellence du pain que l'on y fabriquait, compte à peu près 400 habitants ; c'est une vieille seigneurie, dont l'origine nous paraît remonter au douzième siècle, époque où le comte de Dreux, Robert, fils de Louis le Gros, y fit bâtir un puissant château. A la fin du treizième siècle ou au commencement du quatorzième, la seigneurie appartenait à Hugues de Lusignan, comte de La Marche, qui la céda au roi Philippe le Bel.

Prieuré de Saint-Éloi.

Dans la suite, les rois engagèrent plusieurs fois la seigneurie. Quand elle eut fait retour à la couronne, François Ier la donna à Michel Gaillard, son panetier, dont la famille la conserva jusqu'en 1616. Martin Ruzé, secrétaire d'État, l'acquit alors et la laissa en héritage à Antoine Coiffier Ruzé d'Effiat, maréchal de France, père de Cinq-Mars.

Le nouveau propriétaire fit abattre le château fort et le remplaça par une demeure magnifique, dont Jacques Lemercier dirigea la construction ; les plus grands artistes du temps furent chargés de l'orner et réussirent si bien dans leur mission que la demeure fut surnommée le *petit Versailles*. Le duc de La Meilleraye, maréchal de France, eut la terre en dot quand il épousa la fille du marquis d'Effiat; le château reçut alors quatre fois la visite du roi Louis XIII et une fois celle de Louis XIV. En 1661, Armand-Charles de La Meilleraye épousa Hortense Mancini, nièce de Mazarin. Le pays prit alors le nom de *Chilly-Mazarin ;* la seigneurie resta dans cette famille jusqu'à la Révolution.

Le château a été démoli en 1804 ; des champs cultivés remplacent son parc où l'on admirait des tilleuls étonnants par leur hauteur et l'étendue de leurs rameaux ; il reste un tronçon du canal qui le traversait, les fossés de la première cour et une partie des communs.

Il y a quelques années, M. Geoffroy-Saint-Hilaire avait installé dans ce domaine une succursale du Jardin d'acclimatation ; l'entreprise a périclité.

Tout auprès du château s'élève l'église Saint-Étienne ; elle mérite d'être visitée. Le chœur, un joyau du treizième siècle, renferme les tombes de plusieurs membres de la famille d'Effiat, entre autres le beau monument de Martin Ruzé, oncle du maréchal, surmonté de sa statue en marbre blanc. Le retable de l'autel, décoré d'un tableau de Simon Vouet, provient du prieuré de Saint-Éloi.

A Chilly-Mazarin s'était retiré le poète Chapelle; il passa les dernières années de sa vie dans une petite maison à côté du village ; il y reçut plusieurs fois ses vieux amis, Boileau, Racine et Molière.

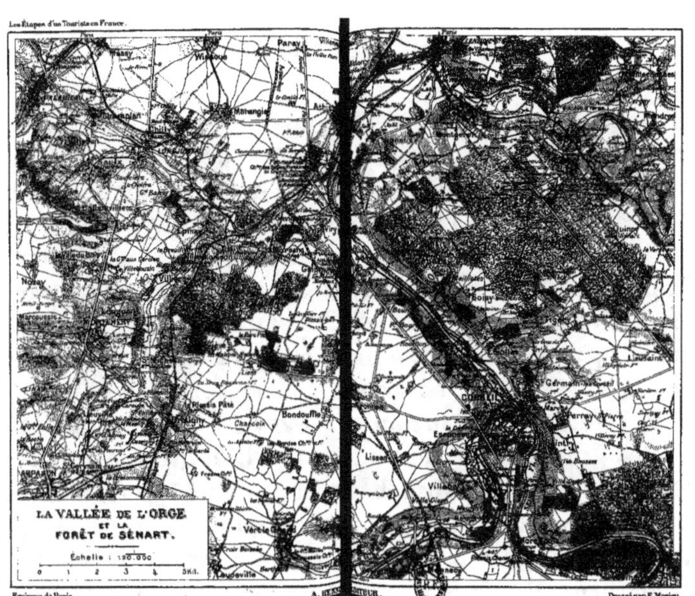
Les Étapes d'un Touriste en France.
LA VALLÉE DE L'ORGE
ET LA
FORÊT DE SÉNART.
Échelle : 1/20.000
0 1 2 3 4 5Kil.
Paris
Paray
Wissous
Morangis
Plessis Pâté
Bondoufle
Lieusaint
Corbeil
Environs de Paris.
Dressé par E. Morieu.

CORBEIL

ITINÉRAIRE

Wissous ; **Paray** : tombeau de Jourda-Devaux ; **Villeneuve-le-Roi** : château, église, écoles, fontaine de Saintot ; **Ablon** : caves, maison de Sully, maison de la reine Blanche, mairie, église de l'Assomption, barrage ; **Mons** : montagne de Mons ; **Athis** : mairie, église, château d'Oyonville, château de Chaige ; **Petit-Athis** : pyramide ; **Juvisy** : observatoire Flammarion, pont des Belles-Fontaines, croix, château, église Saint-Nicolas ; **Châtillon-Viry** : pont Godot, église, château de la Marche, château de l'Arbalète ; **Ris** : église de l'Assomption de la Vierge, château de Fromont ; **Petit-Bourg** ; **Évry** : église Saint-Pierre ; **Corbeil** : les grands moulins, hôtel de ville, groupe des frères Galignani, église Saint-Spire, halle, hospice-hôpital Galignani, usine Decauville, asile et école communale de filles, palais de justice, prison, temple protestant, commanderie de Saint-Jean en l'Ile, filature ; **Essonnes** : domaine de Chantemerle et fonderie Féray, église Saint-Étienne, papeterie, château Saint-Pierre, port des Bas-Vignons, tunnel, machine élévatoire ; **Moulin-Galant** : barrage du Coudray ; **le Coudray** : propriétés curieuses.

ONZIÈME EXCURSION

Wissous, Paray, Villeneuve-le-Roi, Ablon, Athis-Mons.

Notre dernière excursion nous a amené sur la limite du département de la Seine, à proximité de diverses communes que nous avons précédemment visitées ; pour achever notre exploration, nous allons de nouveau nous diriger vers l'est d'abord, et vers le midi ensuite.

A une lieue à l'est de Massy, village que nous avons traversé sans que rien nous y retienne, on rencontre Wissous, qui compte environ 750 habitants, puis on atteint bientôt Paray qui, moins important encore, appartenait jadis à l'abbaye de Saint-Germain des Prés et fut affranchi en 1248 par l'abbé Thomas de Mauléon.

Au nord de cette commune, dans la plaine, se dresse un obélisque élevé à la mémoire de Jourda-Devaux, maréchal de France, mort à Grenoble le 12 septembre 1788. Une inscription rappelle que ce monument recouvre le cœur du maréchal et qu'il a été édifié par les soins de sa fille.

A 3 kilomètres plus loin, à l'est toujours, au flanc d'un coteau, dans une situation charmante, se groupent plusieurs grandes propriétés et quelques habitations où vivent modestement de laborieux cultivateurs, tout cela forme le vieux village de Villeneuve-le-Roi.

S'il en faut croire la tradition, les Gaulois et les Celtes auraient eu successivement sur ce territoire des huttes et des palais; néanmoins, son histoire n'est bien connue que depuis le treizième siècle. A cette époque, Philippe-Auguste possédait à Villeneuve-le-Roi un manoir qu'il vendit aux chartreux à la condition singulière qu'ils nourriraient ses chiens. Villeneuve-le-Roi était alors habité par des personnes « de corps et de condition servile ». Louis IX, en 1246, par un acte signé à Pontoise, leur accorda « le bienfait de la liberté », stipulant qu'il serait enlevé à tout habitant du bourg qui « par mariage s'unirait à une personne de condition servile ».

Les chartreux restèrent dans le pays jusqu'en 1596, mais dès le quatorzième siècle, le fameux prévôt des marchands, Étienne Marcel, s'y était établi et ses descendants s'y maintinrent longtemps. Plus tard, les vins de la localité acquirent une certaine célébrité ; le roi Charles VIII s'en montrait particulièrement friand. En 1617, le chancelier Guillaume de Vair, garde des sceaux et évêque de Lisieux, acquit le domaine. Quatre-vingts ans après, Claude Le Pelletier, président à mortier, prévôt des marchands de Paris, un instant contrôleur des finances après Colbert, y fit construire une magnifique résidence que le président de Ségur agrandit en 1755.

C'est le reste de ce domaine que nous voyons à l'entrée du pays ; le parc est splendide ; en le parcourant, nous rencontrons de larges allées, des coteaux, des vallons, des pièces d'eau, de vieux arbres, des plantes exotiques, des serres superbes et un curieux débris d'un petit fortin dont le soutènement est décoré d'une figure de chevalier du douzième siècle.

Le château de Le Pelletier est remplacé par une construction simple, de riche aspect, sur les façades de laquelle la brique et la pierre se marient agréablement.

En quittant la propriété, nous remarquons une sorte de grange qui conserve encore le cachet religieux qu'elle avait quand elle était chapelle de l'abbaye, puis nous arrivons à l'église ; celle-ci est fort ancienne, comme le bourg, mais elle a été à peu près entièrement reconstruite au dix-septième siècle par Le Pelletier. Sur son emplacement, on assure que les premiers chrétiens se réunissaient pour célébrer les cérémonies de leur culte.

Mais oublions ces choses du passé. Ici, l'historien de

notre temps ne peut se dispenser de constater les efforts de la commune et le dévouement des instituteurs pour propager les bienfaits de l'instruction.

Le jardin qui accompagne l'école des garçons dirigée par M. Reusse — un nom bien connu dans le corps enseignant — a été en quelque sorte transformé en jardin botanique. Les élèves ont sous les yeux, dans cet étroit espace, des spécimens de toutes les plantes utiles et nuisibles que le touriste peut rencontrer au cours de ses promenades et le cultivateur pendant ses travaux. Ils apprennent, et cela presque en jouant, par quels procédés rapides et sûrs on cultive les plantes salutaires, par quels moyens on élimine les parasites. Viennent les vacances, les enfants sont conviés à des promenades scolaires dans les environs et sous la conduite du maître, ils apprennent l'histoire des localités qu'ils rencontrent, pénètrent dans les monuments dont elles sont fières, visitent les usines qui font leur prospérité, comparent les procédés de culture employés et apprécient les résultats obtenus.

C'est, vous le voyez, l'instruction pratique on ne peut mieux comprise; les élèves sortent de l'école communale admirablement préparés à la carrière qu'ils paraissent destinés à parcourir.

Il est inutile d'ajouter, vous l'avez deviné, qu'une même sollicitude intelligente veille à l'éducation des filles et qu'elles quittent leurs classes habiles aux travaux féminins qu'une bonne ménagère doit connaître.

Visitons, pour ne rien omettre, la fontaine de Saintot, alimentée par un canal long de 100 mètres, et dirigeons-nous vers le sud-est.

Nous nous trouverons bientôt à Ablon et sur les bords de la Seine; nous remonterons le fleuve jusqu'à Corbeil, plus loin peut-être, mais nous ne manquerons pas de stationner partout où notre curiosité sera sollicitée. Arrêtons-nous donc ici.

Ce pays gai, verdoyant, ce groupe de villas riantes et de jardins fleuris, cette oasis, bourgeoise aujourd'hui, est un lieu dont l'agréable situation attira de bonne heure d'aristocratiques personnages. Seigneurie dès le treizième siècle, Ablon était vieux déjà, car il est certain qu'il existait à l'époque gallo-romaine. Au quinzième siècle, ses maisons s'abritaient à l'ombre d'un château qu'habitait la belle Agnès Sorel, et dont le pont-levis s'abaissa souvent devant de royaux cortèges, quand la châtelaine fut la reine Blanche de Navarre, fille de Charles III.

Plus tard, le grand Sully posséda une maison de plaisance à Ablon, et de son temps le pays dut être très fréquenté, car, après la promulgation de l'édit de Nantes, on y avait construit un temple où tous les protestants de marque venaient faire leurs dévotions. Il jouirent en paix de cet asile jusqu'en 1685.

Le château d'Ablon, construit en 1348 par Jacques de Pacy, seigneur du lieu, existait encore au dix-septième siècle. Le poète Corneillon dit en 1637 dans son *Voïage à Viry :*

> ... Hablon se découvre
> Qui mire dans l'eau qui le bat
> Les quatre tours d'un petit Louvre.

Une de ces tours est debout encore dans une propriété particulière.

Sous Louis XV, en exécution d'un édit du 27 mars 1731, le pays, dont les vins avaient joui d'une grande réputation au temps de Robert Ier, devint une sorte d'entrepôt pour les produits bourguignons destinés à la consommation parisienne. C'est alors que furent construites ces profondes caves, sans emploi maintenant, dont nous apercevons les soupiraux grillagés le long du quai.

C'est encore sur le quai que l'on vous montrera une maison que certains guides, et même quelques ouvrages plus sérieux, disent avoir été celle de Sully, bien que l'immeuble en question ait été construit sous Louis XVI.

M. l'abbé Bonnin, curé d'Ablon et auteur d'un intéressant volume de *Recherches historiques* sur le pays, semble être dans le vrai quand il place la demeure de Sully dans une propriété désignée sous le nom de *la Baronnie.*

C'est peut-être au séjour de la reine Blanche de Navarre à Ablon qu'un immeuble, situé sur la rive droite de la Seine, doit de s'appeler *la maison Blanche.* Vis-à-vis de cette maison avait lieu *le baptême des mariniers* qui descendaient le fleuve pour la première fois.

Au cours de cette petite fête — lointaine imitation de celle des Tropiques — les novices étaient initiés, à grand renfort d'aspersions, à tous les mystères de la batellerie.

Les célestins et les religieuses d'Hyères eurent autrefois des couvents à Ablon; le premier s'élevait sur le quai à l'endroit où vous voyez une maison à l'italienne; le second, d'après un plan de 1609, se trouvait dans les dépendances de la plus belle maison du pays, une villa que M. Magne, ministre sous Napoléon III, fit bâtir en 1856.

La mairie d'Ablon, un pavillon gris accosté d'écoles, a été construite sous la direction de M. J. Pascal, architecte, et inaugurée le 15 août 1883.

L'église, que nous trouvons sur une petite place au bout de la rue du Bac, n'est, à proprement parler, qu'une grande chapelle; elle a remplacé, en 1841, un édifice « fort simple », dit l'abbé Lebœuf, qui s'élevait à l'angle de la rue du Bac et du quai, et remontait au douzième siècle; placé sous le vocable de l'Assomption, l'édifice a été agrandi en 1857 ; il possède un vitrail provenant de l'église démolie de Rosny-sur-Seine et plusieurs autres signés Laurent Gsell. Sur l'un de ses murs est fixée la fort jolie pierre tombale d'un ancien notable du pays. Voici l'inscription qu'elle porte :

CY GIST
NOBLE HOME PHILIPPE, SEIGNEUR
DE DOUZONVILLE, ESCUYER
QUI TRESPASSA AU CHATEL D'ABLUN
L'HUITIÈME JOUR DE MARS
L'AN MIL CCCCLVIII
DONT DIEU AIT L'AME ET DE TOUS LES AULTRES.

Dans la sacristie, on remarque de fort belles boiseries du temps de Louis XVI.

De retour sur le quai, vous verrez le barrage; il a été construit en 1863, sous la direction de M. Chanoine, ingénieur des ponts et chaussées.

La population du village est d'environ 800 habitants, chiffre à peu près triplé pendant la saison d'été; quant à ses visiteurs, ils ont toujours été assez nombreux et leur affluence s'est encore augmentée depuis qu'en 1896 on a organisé le service de bateaux qui, pendant la saison d'été, desservent ce joli pays.

Deux chemins conduisent d'Ablon à Mons; l'un court au sommet de la colline boisée qui domine les voies des chemins de fer de Lyon, d'Orléans et de grande ceinture, et aussi la Seine à l'endroit où elle reçoit les eaux de l'Orge; l'autre, le quai de Seine, longe le fleuve, laissant la vue s'égarer dans de vaporeux lointains jusqu'au moment où elle s'arrête sur le beau pont de Lyon, fièrement planté sur ses trois piles et un moment embrumé de vapeur blanche par un train qui le franchit.

Si l'on se rejette alors à droite, on est au Petit-Mons et tout près de la gare qui dessert Athis-Mons, deux villages qui, depuis 1824, ne font plus qu'une commune.

Mons était autrefois un fief ecclésiastique. Il n'a d'intéressant aujourd'hui que le magnifique point de vue dont peut jouir le voyageur qui gravit, au bout de la Grande-Rue, un chemin fort bien nommé *Montagne de Mons*. Après avoir marché pendant un certain temps, protégé contre l'ardeur des rayons du soleil par l'ombre des arbres d'un grand parc et dans l'enveloppement d'un silence profond, on arrive au sommet du plateau. On voit, miroir argenté rayé d'une ligne grise par le pont de Lyon, la Seine fuyant au loin vers l'azur, au milieu d'une splendide campagne qui s'étend à perte de vue, tachée de bois, tapissée de prairies, sillonnée de routes, égayée de clochers. Reprenant la Grande-Rue, on arrive à Athis.

Athis, *Attegiæ*, fort ancien, fut originairement occupé par des cabanes en branchages. La seigneurie du lieu appartint de bonne heure à l'abbaye de Sainte-Geneviève de Paris; aussi, au neuvième siècle, quand les génovéfains redoutèrent les invasions normandes, transportèrent-ils la châsse de la patronne de Paris à Athis d'abord, à Vigneux ensuite.

Au moyen âge, on trouve dans la localité des seigneurs particuliers, vassaux du roi de France, et, comme tous ceux de la contrée devant annuellement deux mois de garde au château de Montlhéry.

L'un de ces seigneurs fut Hugues d'Athis, grand panetier du roi Louis IX; il reçut son maître en son château, au mois de mars 1230, et obtint de lui un secours en argent qui permit d'édifier l'église du village; elle fut placée sous l'invocation de saint Denis.

Plus tard, en 1305, on constate encore au château d'Athis la présence du roi Philippe le Bel; c'est là qu'il reçut les envoyés du comte de Flandre et signa un traité avec eux.

Le manoir féodal n'avait de remarquable, dit-on, que la belle vue dont on jouissait de sa terrasse; il disparut au dix-septième siècle, la terre étant alors dans la famille de Viole, et fut remplacé par une maison entourée d'un grand parc, que Mlle de Charolais habita en 1732. En 1865, les jésuites avaient acheté la propriété pour y établir une succursale de leur école préparatoire aux Écoles polytechnique et de Saint-Cyr; ils ont abandonné ce projet. L'immeuble appartient maintenant au baron de Courcel.

Au fond d'une cour gazonnée se développe la façade de la mairie; c'est un bâtiment carré accosté de deux longues annexes renfermant les écoles, construit par l'architecte Ferrari en 1880.

Au-dessus de l'église, dont le clocher, surmonté d'une pyramide effilée, rappelle seul les vieux souvenirs du village, nous rencontrons le château d'Oyonville. C'était autrefois le fief des Créneaux dont Pierre d'Allonville était seigneur au quinzième siècle. En 1720, la propriété fut habitée par Roquelaure et, plus tard, par le duc de Villars.

A Athis demeurèrent aussi l'académicien Conrart, l'homme

au silence prudent, et Mlle de Scudéry, auteur du *Grand Cyrus* et de *Clélie*.

A peu de distance du village, entre la Seine et l'Orge, on voit encore le château de Chaige; c'était autrefois la propriété de ce comte de Vatteville, dont Saint-Simon nous a narré l'originale et peu édifiante histoire ; militaire, chartreux, renégat, assassin, pacha du Grand Turc, stipendié de la république de Venise, ambassadeur de Louis XIV, homme de plaisir, seigneur dur pour ses vassaux, de Vatteville, qui, de nos jours, ferait le plus bel ornement d'une maison centrale, mourut à l'âge de quatre-vingt-dix ans, doté du revenu de plusieurs abbayes.

Juvisy, Viry-Châtillon, Ris, Evry.

Mais, tout en évoquant le souvenir de ce bizarre personnage, nous avons, par un beau chemin à travers la campagne, atteint la route de Fontainebleau ; nous avons laissé sur notre droite le Petit-Athis, un groupe de fermes, et, à l'endroit où la route prend le nom d'avenue de la Cour de France, nous rencontrons la pyramide de Juvisy, édicule de pierre posé sur un piédestal carré et portant sur l'une de ses faces l'inscription suivante :

EXTRÉMITÉ SUD DE LA BASE GÉODÉSIQUE
DE VILLEJUIF A JUVISY 1670 (PICARD) 1740 (J. CASSINI ET LACAILLE)
PROPRIÉTÉ DE L'ACADÉMIE DES SCIENCES.

A un certain moment, la route se borde d'habitations; l'une d'elles est surmontée d'une coupole. Nous sommes à Fromenteau, autrement dit Cour de France, la coupole que nous avons aperçue est celle de l'observatoire de M. Camille Flammarion.

L'immeuble, dont l'astronome a décoré la porte de cette devise : *Ad veritatem per scientiam*, était autrefois la maison de poste où relayaient les équipages de la cour quand elle faisait des voyages à Fontainebleau.

C'est là que, le 30 mars 1814, Belliard, Berthier et Caulaincourt apprirent à Napoléon la capitulation de Paris. L'empereur passa la nuit dans la maison et la quitta le lendemain pour se rendre à Fontainebleau.

Observatoire Flammarion.

Bien changée depuis ce temps, la maison de poste est maintenant un confortable logis agrémenté d'un très beau jardin ; elle a été donnée, en 1882, à M. Flammarion par un

LE PONT DES BELLES-FONTAINES A JUVISY.

DESSIN DE F. DE MONTHOLON.

admirateur de ses œuvres. Le savant vulgarisateur a établi, au sommet de la construction, un observatoire dont la coupole a 5 mètres de diamètre et pèse 3000 kilogrammes. Malgré ces dimensions et ce poids, et grâce à un ingénieux mécanisme, la coupole tourne avec une facilité surprenante.

Au-dessous du dôme et par des hublots de couleurs diverses, le paysage nous apparaît en quelque sorte affiné comme par une lentille photographique ; nous en embrassons à la fois les plus lointains horizons et les plus délicats détails.

D'une terrasse qui précède la coupole, et sur laquelle il doit faire bon rêver dans les belles nuits d'été, nous revoyons le paysage avec sa couleur naturelle, Juvisy presque à nos pieds, puis une grande ligne rouge qui est le beau pont menant à Draveil.

Dans le jardin, on s'arrête devant un vieux pin fort beau ; le roi Louis XIV s'est, à ce que l'on assure, plusieurs fois reposé à son ombre. Sur une pelouse voisine on montre un saule dont la bouture originelle a été cueillie à Sainte-Hélène, sur le tombeau de Napoléon.

En quittant cette maison, nous continuons à suivre la route ; au dix-septième siècle elle traversait Juvisy ; elle était étroite, sinueuse et sa déclivité offrait des dangers incessants. En 1728, on songea à remédier à cet inconvénient en pratiquant une large et profonde tranchée dans la montagne ; élevant un long remblai, on créa la belle et sûre route actuelle.

Le remblai a nécessité l'édification du curieux ouvrage connu sous le nom de double pont des Belles-Fontaines : le pont inférieur a sept arches, le pont supérieur en a quatre ; l'Orge coule au-dessous de ces constructions superposées, au-dessus passe la route. *Deux fontaines* décorent le pont supérieur, elles sont alimentées par une eau excellente dont la source a été découverte lorsqu'on creusa la tranchée ; taries pendant près d'un demi-siècle, elles ont été réparées en 1813 et coulent encore joyeusement.

Sur l'une des fontaines, nous relevons une inscription latine dont voici la traduction :

« Louis XV, roi très chrétien, en faisant fendre et briser des rochers, aplanir la colline, construire un pont et des chaussées, a transformé cette voie difficile, escarpée et presque impraticable, en une route unie, carrossable et agréable. 1728. »

Sur l'autre on lit :

CE MONUMENT A ÉTÉ RESTAURÉ
SOUS LE RÈGNE DE NAPOLÉON LE GRAND, EN 1813.

Les piédestaux de ces élégants édicules supportent : l'un un groupe d'enfants soutenant un globe aux armes de France, l'autre le Temps portant le médaillon de Louis XV couronné par un génie et terrassant l'Envie. Ces sculptures sont aujourd'hui tellement dégradées qu'il est difficile d'apprécier leur valeur artistique ; elles ont été exécutées par Coustou le jeune.

Après un regard d'adieu jeté sur cette construction originale et sur les bords agrestes de la rivière, nous inclinerons à gauche et nous entrerons à Juvisy.

Le village s'étend en partie sur le coteau, en partie dans la plaine; autour de la vaste gare, à cheval sur les voies et dominée par ses deux hautes passerelles, il s'est créé un quartier neuf, commerçant et industriel; au-dessus du pays et jusqu'à la route de Fontainebleau, les maisons de campagne confortables, les villas luxueuses, les gais cottages, s'éparpillent dans la verdure. Tout cela est le côté petite ville du lieu; si vous voulez voir le côté village, vous pourrez vous arrêter dans la grande rue, devant une croix de pierre surmontant un autel que vous y rencontrerez. Cet édicule coquet, élancé, délicatement orné, porte bien le gracieux cachet du dix-huitième siècle; il y a cent ans, c'était la curiosité du petit bourg.

Juvisy compte environ 2 000 habitants, il n'en avait guère plus de 300 au milieu du règne de Louis-Philippe ; au moyen âge, quand Jean sans Peur y arrêta le cortège de Charles VII enfant se rendant à Corbeil, il est probable que c'était un humble bourg.

Aujourd'hui, tout en étant un agréable séjour, Juvisy, nous l'avons fait comprendre, est une localité active. On y fabrique des brosses et des balais, on y voit de grands ateliers de constructions mécaniques, des scieries de marbre, etc. Sur son port, il se fait annuellement en ciment, plâtre, chaux, cailloux, briques, un trafic qui dépasse 60000 tonnes.

Le coude de la Seine à Juvisy.

Juvisy a son château assez ancien, mais restauré sous le dernier Empire. La façade est ornée de bustes antiques et la cour décorée d'une reproduction en marbre du *Mercure* de Jean Bologne; à l'intérieur, on conserve quelques tableaux de Coypel, et l'on admire au plafond d'un grand salon *les Noces de l'Amour et de Psyché,* une fresque peinte par des artistes italiens.

Au dix-septième siècle, à côté du château, on a construit un pavillon pour recevoir Louis XIV : il y passa une nuit.

Le parc, planté par Le Nôtre, et modifié au siècle dernier, contient de belles pièces d'eau et des grottes en rocailles.

L'église de Juvisy, placée sous l'invocation de saint Nicolas, est une construction sans caractère élevée auprès d'une tour romane à deux étages, couverte d'un toit à bâtière. Son maître-autel a été assez intelligemment construit avec des débris d'anciennes sculptures.

Si Juvisy continue à s'étendre, Châtillon et Viry, villages qui l'avoisinent au sud, se confondront avec lui et deviendront son faubourg. Pour l'instant, ils forment, à eux deux, une commune de 600 âmes et doivent leur prospérité à l'exploitation de belles carrières de pierres meulières et à la fabrication d'excellents fromages à la crème.

L'Orge arrose le territoire de Viry, sur l'un de ses bras le pont Godot est jeté. Ce pont, au sixième siècle, séparait, dit-on, les royaumes de Paris et d'Orléans.

L'église de Viry est un monument du douzième siècle qui, bien que souvent remanié, n'a pas entièrement perdu son beau caractère.

Les maisons de plaisance sont encore assez nombreuses ici; l'une d'elles, connue sous le nom de château de la Marche, appartenait, en 1789, à M. de Sartines. Le 20 juillet de cette année, le contrôleur général Foulon, haï des Parisiens, vint y chercher un refuge. Sa présence au château ayant été révélée par un laquais, le syndic de Viry et les paysans se le firent livrer, lui mirent un collier d'orties, un bouquet de chardons à la boutonnière, une botte de foin sur le dos et le ramenèrent en charrette à Paris. Le lendemain, il fut pendu à un réverbère, rue de la Verrerie (1).

(1) On prétendait alors qu'au moment où la disette sévissait avec intensité, Foulon aurait dit, à propos du peuple qui se plaignait : « Si cette canaille n'a pas de pain, qu'elle mange du foin. » Cette phrase a-t-elle été réellement prononcée par Foulon? Nous ne prendrions pas sur nous de l'affirmer.

Dirigeons-nous vers Ris, maintenant ; à mi-chemin nous rencontrerons, dressant ses flèches et coiffé de hauts combles, le château de l'Arbalète, où Henri IV s'arrêtait souvent quand il se rendait à Fontainebleau.

Ris, gros village, touche à la Seine par son faubourg de la Borde et groupe la plus grande partie de ses habitations sur les deux côtés de la route de Fontainebleau. Là sont ses commerçants, ses industriels, ses aubergistes ; tout autour frémissent les feuillages des grands jardins entourant de bourgeoises maisons, et les allées du parc de son château ouvrent leurs vertes perspectives. Aux environs, les demeures aristocratiques sont nombreuses ; Grand-Bourg, la Briqueterie, Trousseau, Fromont, l'Arbalète forment une ceinture de châteaux au vieux village.

Vieux village, avons-nous dit, nous ne retirons pas le mot, malgré l'apparence aujourd'hui absolument moderne du lieu. Au moyen âge, Ris s'appelait *Regis* ou *Regia*, ce qui paraît prouver que les rois de France y possédaient une maison ou, tout au moins, une ferme.

Néanmoins, aucun annaliste ne signale ici la présence des royaux personnages et les habitants de Ris n'avaient pour eux qu'une vénération modérée. Quand éclata la Révolution, ils se distinguèrent par leur enthousiasme pour les idées nouvelles : ils débaptisèrent leur commune, Ris devint *Brutus*.

Au mois d'avril 1794, Anisson Dupéron, descendant d'une vieille famille de typographes, ancien directeur de l'Imprimerie royale, avait trouvé asile au château seigneurial ; il y fut arrêté et mourut sur l'échafaud. Après la tourmente, Ris reprit son nom.

Son église, consacrée à l'Assomption de la Vierge, est absolument moderne ; elle a été construite, en 1870, par M. Ranchon, architecte, élève de Th. Ballu. L'artiste a conçu son monument dans le style romano-byzantin. C'est un édifice gracieux couronné par un joli clocher octogonal coiffé d'une pyramide en pierre.

L'intérieur, composé de trois nefs, est terminé par un

chœur à fond plat; il est de proportions harmonieuses, mais malheureusement un peu sombre. Les vitraux qui décorent les fenêtres sont dus à des maîtres tels que Maréchal de Metz et Laurent-Gsell. L'un d'eux représente une Vierge assise tenant son enfant sur ses genoux; le carton en a été offert à la paroisse par le peintre Hébert à la suite d'un orage qui avait fortement endommagé l'église.

Le château de Fromont est au midi du village. C'est un antique domaine qui fut autrefois la propriété des Templiers. Philippe de Valois y séjourna en 1328 et 1348. Le malheureux Auguste de Thou l'habita au dix-septième siècle. Une des entrées de son parc a conservé sa porte féodale: une ouverture gothique flanquée de deux tourelles crénelées et de vieux murs envahis par le lierre. Une longue allée montante et capricieuse en ces détours conduit au beau parc dessiné, en 1695, par Le Nôtre, sur l'ordre du chevalier de Lorraine.

En notre siècle, Fromont a appartenu à M. Soulange-Bodin; il y avait fondé un jardin botanique et une école d'horticulture qui jouit d'une grande célébrité sous Louis-Philippe. Les collections de plantes de serre et de végétaux exotiques étaient des plus curieuses et des plus complètes.

Nous faisons quelques pas encore et nous arrivons à une autre résidence. Celle-ci a nom Petit-Bourg et nous allons vous en conter l'histoire, sans toutefois remonter plus haut que les premières années du dix-septième siècle.

Le domaine, assurément moins important qu'il ne l'est devenu, fut créé sous Louis XIII par un chanoine de Notre-Dame qui le céda à l'archevêque de Paris. En 1639, celui-ci l'échangea avec Galland, greffier du Conseil, contre un immeuble de la rue Bourg-l'Abbé. Embelli par son nouveau propriétaire, Petit-Bourg passa, en 1646, à l'abbé de la Rivière, favori de Gaston d'Orléans, puis la marquise de Montespan l'acheta, en 1695, et le laissa au duc d'Antin, son fils, en 1707. Celui-ci fit démolir les anciennes constructions et les remplaça par un fastueux édifice, et les fêtes qu'il donna dans ce nouveau château furent aussi célèbres par leur splendeur que par les traits de courtisannerie dont elles ont été l'occasion.

A Petit-Bourg, Louis XIV remarquant un soir qu'une allée de marronniers masquait la vue de la Seine, le duc fit arracher tous les arbres pendant la nuit : le monarque en s'éveillant vit l'horizon dégagé. Un autre jour, se rendant à l'Orangerie, le roi souffrit légèrement de la chaleur ; le lendemain, il put y retourner à l'ombre d'une allée couverte que son hôte avait fait planter.

Une anecdote encore, ce sera la dernière. Au cours du voyage qu'il fit en France, en 1717, le tzar Pierre le Grand fut reçu à Petit-Bourg, le 30 mai ; il y dîna et, en se mettant à table, il eut, raconte-t-on, la surprise de voir en face de lui son portrait en pied, grandeur nature, avec le costume qu'il portait. Si le fait est vrai, il faut convenir que le peintre avait accompli un véritable tour de force, surtout quand on songe que les journées princières ne commencent généralement pas à l'aube, et qu'en 1717 on dînait à une heure de l'après-midi.

Après la mort du duc d'Antin (1736), le domaine resta abandonné pendant une vingtaine d'années, puis le président Chauvelin, qui l'acquit, fit jeter bas le château, un peu ruiné déjà, et l'architecte Chevotet construisit l'édifice que nous voyons aujourd'hui ; il se compose d'un corps de logis flanqué de deux ailes, décoré au premier étage de pilastres d'ordre dorique et couronné par un fronton triangulaire se détachant sur un comble à quatre pans, percé de mansardes et terminé par un toit écrasé. Les bâtiments latéraux sont ornés de balustres à leur sommet. Tout cela se recommande par la beauté des lignes et l'harmonie des proportions ; c'est une des bonnes œuvres architecturales de l'artiste à qui nous devons le château de Champlâtreux.

Quand Louis XV chassait dans la forêt de Sénart, il venait souvent se reposer à Petit-Bourg. En 1771, le marquis de Poyannes, propriétaire du domaine, était colonel du régiment des Carabiniers, il invita le roi et toute la cour à une revue de ses cavaliers rangés sur les deux côtés de la grande avenue, dans la partie du domaine qu'on nomme les Champs-Élysées; cette solennité militaire fut suivie d'une fête des mieux ordonnées.

Peu d'années avant la Révolution, Petit-Bourg, acheté par la maison d'Orléans, devint le séjour d'été de la duchesse de Bourbon qui marqua son court passage dans le pays par la fondation d'un hospice à Evry.

Confisqué et devenu bien national, Petit-Bourg fut vendu à Perrin, fermier des jeux. Au mois d'avril 1814, Schwarzenberg établit son quartier général au château; c'est là qu'il régla, dit-on, les conditions de la défection du duc de Raguse.

Un temps d'abandon vint ensuite et dura jusqu'en 1827. A cette époque, le marquis Aguado se rendit acquéreur du domaine et dépensa des sommes considérables pour lui rendre sa splendeur passée ; il l'abandonna quand le chemin de fer vint ébrécher le parc. C'est alors que M. Allier y fonda une colonie agricole d'enfants pauvres qui ne réussit pas et fut transformée en maison correctionnelle de jeunes gens, vers 1848.

Aujourd'hui, après avoir été pendant un certain temps occupé par les ateliers Decauville, Petit-Bourg est redevenu une des belles propriétés de la région. Il appartient à M. Binder.

Suivant le bord de la Seine, nous passons devant un barrage, puis vis-à-vis un élégant pont suspendu qui réunit Étiolles à Evry, nous trouvons une montueuse avenue plantée d'arbres, bordée de murailles dépassées par d'épais feuillages ; cette avenue nous conduit à l'église Saint-Pierre.

Le chœur, seule partie remarquable de cet édifice, est accosté, à droite, par une chapelle, comme lui, construite au treizième siècle. La chapelle de gauche, plus récemment bâtie, est éclairée par un beau vitrail dont Levêque de Beauvais est l'auteur et qui représente une *Annonciation*.

LA SEINE A CORBEIL.

DESSIN DE F. HOFFBAUER.

Corbeil.

C'est toujours en remontant le cours de la Seine que nous nous rendrons d'Evry à Corbeil. La distance est courte, 2 kilomètres à peine; elle sera rapidement franchie et nous réussirons peut-être à la raccourcir encore si, tout en marchant, nous nous entretenons du passé de la petite ville.

Originairement située sur la rive droite de la Seine, Corbeil, longtemps ignorée, dut être, en ses temps primitifs, une sorte d'oasis riante et tranquille où vivait une petite colonie de pêcheurs et de cultivateurs, bonnes gens heureux de leur sort, sans doute, et qui n'ont pas d'histoire (1).

Gênée dans son développement par la colline à laquelle elle s'appuie, la cité naissante dut bientôt s'emparer de la rive gauche et certainement elle y était établie déjà quand, au neuvième siècle, les Normands envahirent l'Ile-de-France.

A cette époque, Charles le Gros, comprenant l'importance stratégique du lieu qui, relativement à Paris, commande la haute Seine, résolut d'en assurer la défense et y fit construire un château fort. Autour de ce château de nouvelles habitations se groupèrent rapidement, le hameau devint un bourg et le bourg un domaine qui, vers le milieu du dixième siècle, appartenait à Hugues le Grand, père de Hugues Capet, et fut cédé, à cette époque au fils d'Osmond le Danois, Haymon, qui prit le titre de *comte de Corbeil*.

Le comte Haymon, dont la mémoire est vénérée à l'égal de celle d'un saint, fut, paraît-il, un guerrier redoutable pour ses ennemis et un bienfaiteur pour ses vassaux. La lé-

(1) Les étymologistes ne demeurent pas d'accord sur l'origine du nom de Corbeil. Les uns prétendent que la cité fut gauloise et que sa dénomination vient de *Cor biel*, mots signifiant habitation sacrée. D'autres veulent voir ici une cité romaine fondée par un lieutenant de Néron nommé *Domitius Corbulon*. Les preuves manquent aussi bien à la première de ces hypothèses qu'à la seconde.

gende raconte qu'il combattit et mit à mort un dragon ailé à deux têtes, qui jetait la terreur dans le pays.

L'histoire, moins fantaisiste, se borne à constater qu'en 950, le comte Haymon s'empara de Paluau, château voisin du sien, y prit les reliques de saint Leu et de saint Exupère (vulgairement saint Spire), les apporta à Corbeil et, pour leur donner un asile digne d'elles, fit bâtir la collégiale.

Haymon mourut à Rome en 957, au cours d'un pèlerinage. Sa veuve épousa Burchard, qui gouverna pour Hugues Capet non seulement le comté de Corbeil, mais encore ceux de Melun et de Montereau. Burchard finit ses jours en 1012, au monastère de Saint-Maur-les-Fossés où il s'était retiré.

Sept ans plus tard, la prospérité du bourg fut brusquement interrompue. Un violent incendie détruisit ses habitations et son château. Vassaux et seigneur firent courageusement face à ces malheurs et s'empressèrent d'en faire disparaître les traces; peu d'années après, maisons et forteresse étaient reconstruites, une nouvelle ère de prospérité recommença pour la ville.

Les comtes de Corbeil continuèrent à être de puissants seigneurs et aussi parfois de dangereux adversaires pour les rois de France. En 1100, le titulaire de la seigneurie était Burchard II, dit *le Superbe*, homme, assure l'abbé Suger, « d'un esprit turbulent, d'une taille extraordinaire et d'une force prodigieuse ».

Il n'était point que turbulent, grand et fort, ce superbe Burchard II. Intrigant et ambitieux, il fut l'un des membres les plus actifs de la ligue que les barons de l'Ile-de-France formèrent contre le roi Philippe Ier dans le but de lui arracher sa couronne; il fut aussi l'un de ceux qui crurent le plus fermement au succès de l'entreprise et celui qui voulait en tirer le plus profitable parti. Un épisode de sa vie suffit pour donner la mesure de ses espérances.

Quittant un jour son château de Corbeil pour aller combattre Philippe, il refusa l'épée que lui offrait son écuyer, et voulut la recevoir des mains de sa femme. « Donnez, dit-il, donnez, noble comtesse, cette épée à votre valeureux époux! C'est un comte qui la reçoit, c'est un roi de France qui vous la rapportera. »

La parole était fière et hardie, mais la prophétie ne se réalisa pas. Burchard, frappé par Etienne, comte de Paris, périt dans un combat. Le sort des armes ne permit pas à Corbeil de devenir le berceau d'une dynastie.

Le successeur de Burchard fut son fils Eudes qui, au dire de l'abbé Suger, ne « connaissait ni foi ni loi » ; il se rallia pourtant à la cause royale et combattit aux côtés du fils de Philippe Ier. Cette conduite lui attira la haine du terrible Hugues de Crécy, qui, l'ayant fait tomber dans une embuscade, le retint prisonnier. Louis le Gros, devenu roi, se souvint de son compagnon d'armes et lui fit rendre la liberté. Peu de temps après, en 1112, Eudes mourut, laissant son domaine à son neveu Hugues, sire du Puiset, qui dut le céder au roi. Le comté avait vécu. Corbeil, réuni à la couronne, devint une châtellenie royale que ses maîtres se plurent à embellir, ils y fondèrent et dotèrent les églises Saint-Jean de l'Ermitage et Saint-Germain. Néanmoins la ville fut plusieurs fois donnée en douaire aux veuves de nos rois et plusieurs fois aussi vendue, échangée ou engagée. La dernière famille qui la posséda est celle du duc de Villeroy.

Mais nous voici bien loin du douzième siècle, hâtons-nous d'y revenir.

Tandis que les seigneurs bataillaient, les travailleurs ne restaient pas inactifs. Si la position avait paru bonne à Charles le Chauve pour y établir un ouvrage de défense, elle ne parut pas moins favorable aux meuniers pour y installer des moulins. De toute antiquité, une construction de ce genre s'élevait au confluent de l'Essonne et de la Seine, au lieu même où sont aujourd'hui les Grands Moulins.

Certes, cet établissement n'était point monumental comme celui que nous verrons tout à l'heure, mais il est certain qu'il devait être d'une grande et constante production, car, dès qu'il fut possesseur de Corbeil, Louis VI en fit des *mou-*

lins royaux et leur donna le privilège de la banalité sur tous les moulins des environs.

Nous pourrions causer minoterie encore longtemps, mais n'oublions pas que nous esquissons avant tout l'histoire de la ville. Au siècle où nous nous transportons, Corbeil, se reposant des combats, était non seulement déjà le grand centre nourricier de la capitale, mais encore un foyer d'instruction. Au cours de l'année 1110, la ville s'intéressa à la parole chaude et vibrante de l'illustre Abeilard qui, tandis que son maître Guillaume de Champeaux professait à Melun, rassemblait ici une foule d'écoliers avides d'entendre ses leçons.

Plus tard, en 1143, Louis VII, résidant au château, y reçut la visite de saint Bernard : le fameux abbé de Clairvaux venait lui demander des secours pour les victimes de l'incendie de Vitry, en Champagne.

Après la mort de Philippe-Auguste, nous l'avons peut-être dit déjà, la châtellenie de Corbeil fut donnée en douaire à la reine Ingeburge. Bien que vivant dans la retraite, la veuve du grand roi ne se désintéressa pas de la ville; elle fit augmenter le château de toute une partie, qui prit le nom de *Palais de la reine*, et fut souvent habitée par les rois de France.

On y vit plusieurs fois Louis IX, notamment en 1244 et en 1248; il dota l'Hôtel-Dieu de la ville et fit bâtir près du palais une *sainte Chapelle* assez semblable à celle de Paris, à deux étages comme elle, mais de dimensions plus petites, et, au milieu d'une cour qui, au dire de Joinville, ne comptait pas moins de trois cents chevaliers, reçut la visite de Robert de Sorbon. Il est probable qu'en 1262 l'entourage du pieux roi n'était pas moins brillant quand Jacques Ier, roi d'Aragon, vint négocier à Corbeil avec lui le mariage de sa fille avec Philippe le Hardi.

En 1290, la ville fut témoin d'une grande solennité. Philippe le Bel, qui y tenait sa cour, mariait son frère Charles de France à la princesse Marguerite de Sicile. Les fêtes données à cette occasion se renouvelèrent au mois de janvier

1306, quand Philippe le Long, dont Corbeil fut la résidence préférée, épousa Jeanne de Bourgogne. Les deux enfants qui naquirent de ce mariage, virent le jour au Palais de la reine.

Corbeil reçut encore bien d'autres hôtes royaux. Charles le Bel, le dernier représentant de la première branche des Capétiens, y signa un traité d'alliance avec Robert, roi d'Ecosse. Charles VI y vint, au mois de mai 1385, présider aux noces de Thomas de Bragny avec Marguerite de Poissy. Louis XI y passa deux jours en 1465, après la bataille de Montlhéry. Louis XII, François Ier et leurs successeurs, firent de dévots pèlerinages à saint Spire. Enfin, Henri IV y demeura au mois d'avril 1590, après qu'il eut reçu les hommages des habitants et les clefs de la cité.

Ceci nous amène à rappeler les sièges que la ville eut à subir. Prise et pillée en 1357, assiégée en 1415, elle fut particulièrement éprouvée au seizième siècle. Les sièges les plus fameux de cette époque, parce qu'ils furent les plus terribles, sont ceux de 1562 et de 1590. Le premier était dirigé par le prince de Condé, qui ne réussit qu'à causer de sérieux dommages à la ville et ne put s'en emparer. Le second fut en quelque sorte une tragédie en plusieurs actes. L'investissement commença le 22 septembre et, deux jours après, le duc de Parme, annonçant qu'il se rendrait rapidement maître de la place, vint prendre le commandement des troupes qui l'assiégeaient. Les choses marchèrent moins vite qu'il ne l'avait espéré ; la violence de l'attaque fut égalée par la fermeté de la résistance. Ce fut seulement le 16 octobre qu'un vigoureux assaut, dirigé par le duc de Parme en personne, fut couronné de succès. Rigaut, qui défendait la place, mourut bravement à son poste. La ville prise, abandonnée à la fureur d'une armée décimée, fut saccagée et pillée ; un gouverneur espagnol, don Toraque, s'installa au château.

Pendant ce temps, Givry, qui commandait dans la Brie, réunissait les garnisons des villes placées sous ses ordres et composait une petite armée qui, dans la nuit du 11 novembre, se présenta devant Corbeil, escalada ses murailles, tua don Toraque et massacra la garnison; ce hardi coup de main s'exécuta en une heure.

Sous Henri IV, la paix succéda aux agitations dont nous venons d'esquisser le tableau; les fortifications de la ville furent rasées, les murailles détruites, les fossés comblés, les bastions abattus et le château démantelé. Corbeil ne fut plus qu'un centre industriel et commercial.

En ces temps, il partait chaque semaine de la ville un coche d'eau qui se rendait à Paris chargé de farine. Longs de forme, soigneusement couverts pour préserver de toute avarie leur précieux chargement, ces bateaux avaient un peu l'aspect d'une grande corbeille flottante; à cela, à leur lieu d'origine aussi, sans doute, ils durent d'être désignés sous les noms de *corbeillards*, *corbillacs*, et enfin *corbillards*, dénomination qu'une vague ressemblance avec eux a fait donner aux chars mortuaires.

A côté de l'industrie, l'instruction florissait aussi et, en 1637, Jacques de Bourgoin acquérait un titre à la reconnaissance de ses concitoyens en fondant un collège public dans sa maison.

Les moulins du roi étaient jusqu'alors toujours affectés à la mouture du blé. Un édit de 1667, rendu sur la proposition de Colbert, concéda la jouissance gratuite de l'un d'eux à un nommé Delahaye, pour y établir une manufacture de buffleteries.

Dans la pensée du grand ministre, qui, cette même année, créait les Gobelins, il s'agissait d'encourager notre industrie nationale et de faire une concurrence sérieuse aux manufactures hollandaises, à ce moment fort prospères. Malheureusement, les résultats ne répondirent pas au désir du fondateur et, pendant cent deux ans, la manufacture végéta. En 1769, elle fut donnée aux hospices avec les autres moulins du roi.

A cette époque, les bâtiments tombaient en ruines; l'hôpital général les fit démolir, les remplaça par les constructions qui s'élèvent encore sur les deux rives de l'Essonne et qu'un corps de logis transversal a réunies depuis. On y installa douze paires de meules, mues par autant de roues hydrauliques volantes. Le pont situé près de l'usine prit alors le nom de *pont des Douze-Moulins* et le porte encore.

Vers le même temps, l'abbé Terray, contrôleur général, faisait bâtir à Corbeil de vastes magasins soi-disant destinés à conserver les blés utiles à l'approvisionnement de Paris, en réalité employés à garder ceux dont la ligue flétrie sous le nom de *Pacte de famine* faisait l'acquisition. Enfin, en 1781 et sur les plans de Viel, architecte des hôpitaux, une vaste halle aux grains était construite.

Vous le voyez, la ville prenait dès lors un aspect à peu près semblable à celui qu'elle a de nos jours. A peu près, disons-nous, car il ne faut pas oublier qu'on y voyait alors bon nombre de couvents et d'églises que la Révolution a fermés ou démolis. Parmi les paroisses disparues, il faut citer Notre-Dame, qui avait un chapitre de douze chanoines présidé par un abbé; la collégiale de Saint-Guenault, le prieuré de Saint-Jean de l'Ermitage, les églises Saint-Jacques, Saint-Martin, Saint-Léonard (paroisse du vieux Corbeil), Saint-Jean en l'Ile, dont nous verrons les restes, et enfin Saint-Spire, qui est debout encore; il nous reste à rappeler ce qui arriva à Corbeil en 1870.

Menacés par l'invasion, les habitants avaient rompu le pont qui réunit la ville au vieux Corbeil. Le 16 septembre 1870, une avant-garde de 1000 hommes, appartenant au 2e corps bavarois, entra dans le faubourg pour passer la Seine; l'obstacle que le patriotisme avait créé ne les arrêta que peu d'instants. Le général Hartmann, qui les commandait, fit jeter un pont de bateaux sur le fleuve et, dès le lendemain, tout le 2e corps passait sur la rive gauche et se dirigeait vers Longjumeau; le 18, ce fut le tour du 11e corps prussien. Le prince royal fit alors son quartier général du château de Saint-Germain-lez-Corbeil, et força les habitants à rétablir le passage avec des madriers. A partir de ce moment, Corbeil connut toutes les horreurs de l'invasion. On lui imposa un sous-préfet et des fonctionnaires prussiens, on l'accabla de réquisitions, il eut à loger 500000 Allemands et 45000 prisonniers français. Le dévouement de la population pour ces derniers fut au-dessus de tout éloge. L'arrondissement — ces récits se terminent toujours par des chiffres — l'arrondissement, disons-nous, paya aux envahisseurs une somme de 522585 francs et subit, en outre, des dégâts qui furent évalués à près de 68000 francs.

Ici comme ailleurs, le grotesque se mêla parfois à l'horreur. Ceux qui ont vécu pendant ces tristes jours d'occupation rient encore de la bouffonne méprise que le major de Colomb, commandant la place, commit un jour. Ayant entendu qualifier de *riche en cuirs* un pauvre diable de paysan qui émaillait son langage de *peu za peu, j'ai zété,* etc., il ne comprit pas le sens railleur de l'expression et, prenant le malheureux pour un riche mégissier, il saisit vivement sa plume et libella à l'adresse de cet ami des liaisons bizarres un ordre de livrer immédiatement soixante peaux pour basaner les culottes de ses dragons.

Les Grands Moulins emplissent tout un quartier de Corbeil de leur bruit sourd, régulier comme une respiration puissante, continu comme elle ; ils dominent tout ce qui les entoure de la hauteur imposante de leurs pavillons à sept étages, aristocratiquement couronnés de frontons triangulaires ; ils noircissent l'air de fumée mélangée d'une impalpable poussière blanche qui retombe en fin givre sur les toits voisins ; ils sillonnent le sol de leurs voies ferrées, barrent les rues avec leurs wagons et leurs locomotives, couvrent la rivière et le port d'embarquement de leurs bateaux et, le soir venu — car le travail ne s'interrompt jamais — projettent sur la cité endormie et que semble bercer le ronflement de leurs grandes roues, la féerique illumination de leurs trois cents fenêtres. A Corbeil, dans le quartier où nous sommes, on ne voit, on n'entend, on ne sent, en quelque sorte, vivre que les Grands Moulins.

Vainement, la bourgeoisie du lieu a construit quelques maisons agréables et planté des jardins fleuris; vainement, sur l'avenue Darblay, la sous-préfecture développe sa blanche façade à trois corps, au fond d'une cour sablée; vainement, usines et ateliers fument, martèlent, scient ou tissent, on prend garde à peine aux constructeurs de voitures, aux marbriers, aux fabriques d'aiguilles ou d'horlogerie, aux distilleries, aux huileries, aux manufactures de châles, de toiles peintes, de colle forte, aux tanneries, aux imprimeries; les grands moulins seuls captivent et retiennent l'attention du touriste. Il semble qu'ils soient toute la ville et son unique raison d'être, et cela même pour les habitants, car pas un ne manquera de vous dire, en les montrant, ces paroles devenues dicton populaire : *Si les moulins s'arrêtaient demain, Paris mourrait de faim dans huit jours.*

Quai d'embarquement des moulins de Corbeil.

Il y a certainement dans ces paroles beaucoup d'orgueil et un peu d'exagération, mais, il faut bien le reconnaître, jamais amour-propre de clocher ne fut plus pleinement justifié.

Ceci est si vrai que, subissant nous-même le charme, nous

vous avons parlé des moulins avant tout et nous allons immédiatement les visiter.

Nous en avons conté l'histoire jusqu'à la veille de la Révolution ; pendant la durée de celle-ci, les moulins travaillèrent activement sous la direction des frères Leleu. Survint l'Empire. Le matériel était usé, le rendement insuffisant, l'administration sans initiative. L'entreprise fut à peu près abandonnée.

Elle se releva subitement en 1825. M. Truffaut, grand-père d'un meunier encore établi à Maintenon, remplaça le vieil outillage par un mécanisme, tout nouveau alors, dit *à l'anglaise* et comprenant deux groupes de sept paires de meules agencés suivant le système de l'Américain Evans. Les beaux jours de l'usine étaient revenus; son importance et sa production ne devaient pas tarder à s'accroître encore.

En 1830, les frères Darblay entrèrent en possession des moulins; ils en augmentèrent considérablement la production et, grâce aux perfectionnements qu'ils apportèrent à l'outillage de l'usine, leur marque devint et resta pendant cinquante ans la première de France.

En 1881, quand M. Darblay jeune et Béranger, son gendre et son associé, eurent acquis la papeterie d'Essonnes, ils cédèrent les moulins à la Société anonyme qui les exploite aujourd'hui. Chaque jour, à Corbeil, on réduisait alors en farine 170 000 kilogrammes de blé.

En 1887, en même temps qu'elle acquérait les moulins du Havre, la Société transformait presque complètement l'outillage de ceux de Corbeil et substituait aux meules antiques les cylindres modernes innovés vers 1875 par la meunerie hongroise. Aujourd'hui l'usine écrase chaque jour 300 000 kilogrammes de blé et 10 000 kilogrammes de seigle.

En présence de ces chiffres et devant la grandeur de l'établissement, vous vous attendez sans doute à pénétrer dans une sorte de ruche animée et bruyante ; en levant les yeux vers le faîte des bâtiments, en supputant le nombre des ateliers qu'ils renferment, vous croyez rencontrer à chaque étage une véritable armée de contremaîtres, d'ouvriers et d'aides, tous affairés, tous peinant sur l'œuvre commune.

Rien de tout cela ne vous attend. Vous êtes entré, vous ne tarderez pas à le reconnaître, dans un palais féerique dont la machine est la reine, la vapeur le souffle, l'électricité le soleil.

Vous pourrez visiter successivement la salle où sont groupés les épurateurs des eaux destinées à passer dans les chaudières, celle où sont réunis les appareils employés au rhabillage des cylindres, la salle où quinze chaudières bouillonnent, celle des grands moteurs, celle des machines qui produisent l'électricité; vous pourrez monter d'étage en étage, du rez-de-chaussée aux combles; vous pourrez parcourir tous les ateliers où le grain est mécaniquement amené, nettoyé, concassé, broyé; ceux où les gruaux et semoules sont divisés, sassés et convertis en farines de blancheurs et de qualités diverses, mais toujours prévues, et, au cours de cette exploration qui peut être longue, au milieu de la trépidation produite par un roulement incessant, c'est à peine si vous rencontrez huit ou dix employés, travaillant presque aussi automatiquement que les machines. celui-ci, armé d'une petite burette à long col, passe entre les cylindres et verse quelques gouttes d'huile dans les chapeaux des paliers. Plus loin, debout devant l'orifice d'un cylindre creux descendant du plafond, un autre présente un sac immédiatement saisi par un mécanisme et, en quelques instants, rempli de farine. L'homme n'a qu'un tour à faire sur lui-même pour placer le sac sur une bascule et vérifier son poids; fermer ce sac, le lier, le plomber, est l'affaire d'un instant encore et, s'il doit être transporté dans quelque magasin, il trouve sur les rails un wagonnet tout prêt à l'emporter; il est à peine disparu qu'un autre le remplace. S'il faut charger un bateau, c'est mécaniquement encore que l'opération s'accomplit; les ouvriers n'ont qu'à présenter les sacs à une sorte de griffe qui les saisit et à lâcher une corde.

L'homme, aux Grands Moulins, n'est plus que le serviteur de la machine. On est forcé de rappeler que celle-ci a été inventée par celui-là pour n'être pas profondément humilié.

Mais la nuit est venue ; c'est à peine si nous distinguons maintenant les différences de tons entre les grises courroies de transmission et les coffrets de bois verni qui abritent les cylindres; dans la perspective obscurcie, nous ne voyons déjà plus le fond des ateliers, nous ne marchons maintenant qu'à pas comptés, nous craignons de rencontrer une trappe ouverte ou un escalier inattendu. Un enfant, transporté là à cette heure, dans cette ombre, dans cette solitude, dans le grondement sourd et régulier de ce roulement, éprouverait certes un moment d'effroi. Mais qu'il serait vite oublié !

Qui a transmis un ordre? Qui a donné un signal? Qui a pressé un bouton? On ne sait. Mais, soudain, le jour renaît, tout reprend sa couleur et son plan : l'électricité a allumé des milliers de petites lampes. Ce passage subit de la nuit au jour a quelque chose de magique.

En dehors des usines de Corbeil et du Havre, les Grands Moulins possèdent divers établissements et dépôts à Bray-sur-Seine (Seine-et-Marne), à Montereau, à Melun, à Paris (quai Saint-Bernard) et à Rouen. Ils sont propriétaires d'une flotte de 40 bateaux jaugeant ensemble 4000 tonnes et faisant le service du transport des blés pour la haute Seine et des farines pour Paris.

L'hôtel de ville est tout auprès des Grands Moulins, écrasé par ce monumental voisin; humble d'aspect extérieur, sans décoration artistique au dedans, il paraît, et réellement il est peu digne d'un chef-lieu de canton qui compte près de 7000 habitants.

Au pied de ses murs gris, à droite, s'ouvre la grille d'un jardinet formant terrasse au-dessus de la Seine et dominé par un beau groupe en marbre blanc représentant les deux frères Galignani; nous nous souvenons l'avoir vu au Salon de 1888. L'un des deux frères, William, qui fut plusieurs fois maire de Corbeil, est debout auprès d'Antoine. Celui-ci, assis dans un fauteuil, développe sur ses genoux un plan de l'hospice-hôpital que les deux personnages paraissent examiner et discuter.

Malgré notre costume moderne si peu décoratif, l'artiste,

Chapu, grâce à la simplicité et au naturel des poses, grâce aussi à l'heureuse expression des physionomies, a su faire un groupe harmonieux dans son ensemble.

Ce monument a été inauguré le 12 août 1888. Son pié-

Groupe des frères Galignani.

destal est orné des armes de la ville : *d'azur, à un cœur de gueules, à une fleur de lis d'or en abîme,* et porte de plus des inscriptions rappelant les titres que les deux frères ont acquis à la reconnaissance des habitants : fondation de l'hôpital-hospice qui porte leur nom, asile et école de filles, orphelinat, legs aux établissements hospitaliers, etc. Tout cela est l'œuvre de ces hommes bienfaisants.

Le promeneur peut se reposer un moment au fond de ce jardin, il aura sous les yeux un de ces agréables tableaux fréquents sur les bords de la Seine.

Devant lui, à ses pieds, au delà d'un beau et large quai, coule le fleuve chargé de bateaux aux coques noires et rouges apportant du grain au moulin ou remportant de la farine; à droite, un beau pont de pierre reflète dans l'eau les courbures de ses cinq arches.

Devant nous, escaladant une colline bordée de vertes terrasses, le village de Saint-Germain-lez-Corbeil groupe ses maisons, ses jardins, son château et son église; au delà du pont bordant la rive, le long village de Saintry fait une suite verte aux blanches maisons du faubourg du Vieux-Marché ou Vieux-Corbeil, quartier qui fut le berceau de la ville.

La rue Notre-Dame nous conduit en quelques instants à la rue Saint-Spire. Au numéro 20 de cette dernière s'ouvre béante, privée des vantaux richement sculptés qui la fermaient avant la Révolution, une belle porte ogivale flanquée de deux basses poivrières; au-dessous de l'une d'elles est creusée la niche qui renferma pendant des siècles la statue de saint Spire, des chapiteaux à sujets soutiennent les fines nervures d'une arcade d'un dessin hardi formant une sorte de cadre magnifique au chevet de l'église.

Cette porte était autrefois l'entrée du monastère; elle donne maintenant accès à une place entourant l'église qui, ainsi que nous l'avons dit, se présente à nous par sa partie absidale.

L'église Saint-Spire, restaurée il y a quelques années et classée parmi nos monuments historiques, est de construction simple et sévère : point de gargouilles, point de pinacles, point d'arcs-boutants dans les parties hautes, point d'enjolivements sculpturaux dans les parties basses, point même de sujet dans le tympan du portail. Auprès de celui-ci se dresse la tour carrée qui domine toute la ville;

elle est percée d'ouvertures ogivales dont les arcs sont ornés de pointes de diamant.

L'intérieur se compose d'une nef centrale terminée par un chœur à pans coupés et de deux bas côtés s'achevant

Porte et abside de Saint-Spire.

en chapelles, disposition qui, assure-t-on, fut employée pour la première fois ici.

Ainsi que le dehors, le dedans est très sobrement orné ; pourtant, à gauche, en entrant, près des grandes plaques où sont inscrits les noms des abbés et des bienfaiteurs du monastère, on voit sur une frise une suite curieuse de personnages et d'animaux fantastiques; partout ailleurs on n'aperçoit que quelques feuillages sculptés sur les chapiteaux et dans les pendentifs.

La première chapelle de droite renferme deux tombeaux, celui du comte Haymon et celui de Jacques de Bourgoin, qui ornait originairement l'église Notre-Dame.

Le comte, tout armé, mains jointes, est représenté couché, la tête reposant sur un coussin, son bouclier placé près de lui est orné d'un animal fabuleux, sans doute le dragon dont la légende lui attribue la mort. La tête, d'une belle expression, et les mains, très finement exécutées, sont en marbre; le surplus de la statue est en pierre.

Jacques de Bourgoin, mort en 1661, est représenté agenouillé sur le sommet de son mausolée, vêtu de son armure, son casque posé près de lui.

Au-dessus de l'autel, placé dans la chapelle qui termine le bas côté gauche, vous verrez un *Exorcisme*, toile assez belle, œuvre du peintre Mauzaisse, né à Corbeil en 1784 (1).

Non loin de l'église Saint-Spire, M. Oudioux, architecte, a construit en 1893 une nouvelle halle ; c'est le marché moderne, haut, clair, aéré, en fer, fonte et verre (2).

Rendons-nous maintenant à l'hospice-hôpital Galignani. C'est à 1 kilomètre du pont que nous le trouverons, tout au bout de la ville, au fond d'une plaine, dans le voisinage d'un beau parc.

(1) Mauzaisse, dont le Louvre et Versailles possèdent plusieurs œuvres, n'est pas le seul glorieux enfant de Corbeil. La ville a vu naître Petit, célèbre médecin du treizième siècle; Gilles, poète latin et médecin de Philippe-Auguste, et enfin, en 1750, Ansse de Villoison, l'helléniste, à qui l'on doit le rétablissement du texte de l'*Iliade*.

(2) La halle, édifiée par Viel en 1780, s'élevait sur le quai à l'endroit où l'on voit maintenant un haut magasin, dépendance des Grands Moulins ; c'était un rectangle, long de 50 mètres, large de 15, partagé en deux nefs par des piliers et percé d'arcades.

Les bâtiments, un grand corps de logis central et deux ailes en retour, entourés de jardins magnifiques, ont été construits par M. Laroche ; ils sont en briques rouges, couverts en tuiles, avec chaînages de pierre et n'ont qu'un rez-de-chaussée, un étage et des mansardes ; vue de loin, cette maison hospitalière a l'aspect d'un château.

Dans le vestibule central qui précède une petite et simple chapelle ornée de quelques tableaux donnés par les frères Galignani, une inscription rappelle, avec les noms de tous ses bienfaiteurs, que l'Hôtel-Dieu de Corbeil fut fondé au douzième siècle, que plusieurs maladreries et hôpitaux lui furent réunis à diverses époques, et qu'enfin l'établissement où nous sommes a été ouvert et bénit le 6 novembre 1866 par Mgr Mabille, évêque de Versailles.

La maison contient 130 lits ; elle est administrée par les sœurs de Saint-Vincent de Paul.

Une curiosité nous reste à voir à Corbeil, la grande usine Decauville, un de nos plus importants centres industriels, dirigé par l'inventeur des chemins de fer à voies étroites.

L'usine Decauville occupe un vaste emplacement à l'extrémité de la ville opposée à celle où nous avons vu les Grands Moulins ; elle emploie plus de 1000 ouvriers et fabrique en quantités innombrables les voies ferrées portatives, les wagons et les wagonnets pour chemins de fer, les wagons pour tramways à vapeur, les locomotives, les locomobiles, les porteurs Decauville, les ponts en fer, etc.

Nos lecteurs connaissent les usines métallurgiques ; ils se sont arrêtés avec nous aux Etablissements Cail et Gouin, à Paris, aux forges de Montataire, aux ateliers Bajac, à Liancourt ; nous ne recommencerons pas la description des longs ateliers, des forges flamboyantes, des hangars garnis de machines en construction ou achevées, dont se composent invariablement les établissements de ce genre, et, curieux de voir un genre d'usine où nous n'avons pas encore eu l'occasion d'entrer, nous nous rendrons à Essonnes, un pays qui touche à Corbeil au point de se confondre avec lui. Chemin faisant, nous pourrons voir, dans la rue Féray, l'asile et l'école communale de jeunes filles fondés par les frères Galignani; près de là, au fond d'un rond-point, le palais de justice, construction de belle allure, puis nous gagnerons les bords du canal; nous laisserons derrière nous un square fleuri et gazonné, à notre gauche la prison, un petit Mazas, vis-à-vis un temple protestant, et nous nous arrêtons devant une filature dont nous vous raconterons tout à l'heure l'histoire, et, sur notre chemin, nous rencontrerons un des plus précieux souvenirs de Corbeil, l'église de la Commanderie de Saint-Jean en l'Ile.

Cette commanderie avait été établie, en 1223, par la veuve de Philippe-Auguste, cette malheureuse reine Ingeburge dont nous vous avons conté l'histoire en visitant Etampes. Avec le temps, les chevaliers de Saint-Jean devinrent ceux de Rhodes, puis ceux de Malte. Ces derniers possédaient encore Saint-Jean quand la Révolution éclata.

L'église Saint-Jean est un vaisseau cruciforme aussi remarquable par la beauté de ses proportions que par l'élégante simplicité de ses lignes. Les arêtes des voûtes des trois premières travées de la nef fusent au dessus de groupes de colonnettes engagées; les suivantes s'appuient sur des culs-de-lampe décorés de figures et d'armoiries, les dernières ont pour bases des compositions plus riches où des anges jouent dans les feuilles et les fleurs, où de minuscules colonnes encadrent un espace rectangulaire, vide maintenant, couronné de riches chapiteaux.

Le chœur, originairement éclairé par six ouvertures, est de forme demi-hémisphérique; il est pavé de pierres tombales. Nous parvenons à lire sur l'une d'elles l'épitaphe de Pierre-Jacques Harlay de Sancy, mort le 2 juin 1626. Les autres sont à peu près réduites à l'état fruste.

A droite, dans le chœur, une plaque de marbre noir porte une inscription en l'honneur d'Ingeburge et indique la place où elle a été inhumée.

Son tombeau fut ouvert sous la Révolution, en présence d'Alexandre Lenoir; il y trouva une quenouille et une couronne en cuivre doré qu'il fit transporter à Paris.

COMMANDERIE DE SAINT-JEAN A ESSONNES.

DESSIN DE F. HOFFBAUER.

Au chevet, sous la fenêtre centrale, on lit l'inscription suivante :

L'AN 1836
CETTE ÉGLISE A ÉTÉ RESTAURÉE
PAR M. LOUIS FERAY
FONDATEUR DE LA FILATURE
ET DES ÉTABLISSEMENTS DE CHANTEMERLE
ET CETTE PIERRE A ÉTÉ POSÉE LE 29 DÉCEMBRE
JOUR DE SES OBSÈQUES
PAR Mme JULIE OBERKAMPF-FERAY
SA VEUVE

Dans le coin le plus reculé du bras droit de la croix naît un petit escalier bien conservé ; il conduit au-dessus des voûtes dans le comble, qui fut refait et diminué de hauteur lors de la restauration.

Quant à la filature, elle avait été fondée dans le voisinage de Saint-Jean dès l'année 1763, par un industriel nommé Baron ; sept ans plus tard, Oberkampf s'en rendit acquéreur et l'usine d'Essonnes devint l'active collaboratrice de celle qu'il avait établie à Jouy-en-Josas.

Plus heureuse que la maison mère qui périclita après les désastres de 1815, la filature d'Essonnes, sous la direction de Feray, gendre du grand manufacturier et frère des propriétaires actuels de Saint-Jean et de Chantemerle, continua longtemps ses travaux et vit son importance aller croissant. En ces dernières années, on y tenta le tissage et le filage de la ramie; c'est une plante textile, originaire d'Amérique, prenant et retenant bien les couleurs de teinture et que son extrême finesse rend très propre à se tramer avec la soie.

Les essais, bien qu'intelligemment conduits, n'ont pas donné les résultats espérés. Les métiers sont immobiles, la fabrique est fermée.

Nous l'avons dit, Corbeil et Essonnes ne font pour ainsi dire qu'une ville; la Commanderie appartient à Corbeil, le domaine de Chantemerle, qui se confond avec elle, est sur le territoire d'Essonnes.

Causons donc de cette dernière.

Dès les temps mérovingiens, un bourg s'était formé sur les côtés de la route de Paris à Lyon; il était connu sous le nom d'*Essona* ou d'*Axona*. On prétend, mais sans apporter, selon nous, de preuves suffisantes à l'appui de ce dire, que Clovis possédait un domaine en ce lieu et qu'il y fit frapper monnaie. Plus certainement on sait que, pendant une longue suite de siècles, Essonnes fut la propriété de l'abbaye de Saint-Denis. En 832, l'abbé Hildoin la donna à ses moines « pour leurs habits et leurs chaussures ». La ville devait appartenir encore à l'abbaye quand, en 1121, Suger y fonda le prieuré de Notre-Dame des Victoires qui, vous le pensez, n'existe plus. Outre ce lieu de piété, le village avait depuis longtemps son église paroissiale. Louis XI la donna à son sénéchal Ansel de Garlande; celui-ci la céda au prieuré de Gournay qui, jusque dans le courant du dix-huitième siècle, la fit desservir par douze de ses moines.

Le quatorzième siècle est, pour Essonnes, une époque glorieuse, et l'année 1340 une date inoubliable dans l'histoire de notre industrie. La petite ville fut alors choisie pour établir une des premières fabriques de papier que nous ayons eues en France. Cette fabrique devint une source de richesse pour la contrée. Des lettres patentes de 1488, datées de Chinon et rappelées par M. Paul Delalain, dans sa savante *Étude sur le libraire parisien,* constatent la présence de 7 *ouvriers ayant moulins et faiseurs de papier, dont* 3 *demeurant à Troyes en Champagne et* 4 *à Corbeil et à Essonnes*. Selon l'abbé Lebeuf, l'un de ces moulins à papier avait été bâti vers l'an 1480, par l'abbé Hugues Danison, « en une petite isle à Essonnes; on l'appelait le moulin du Pré ». L'existence de ces fabriques ne fut pas exempte de vicissitudes. En 1552, quand les huguenots, commandés par le prince de Condé, ravagèrent le Gâtinais, « les moulins à papier furent renversez dans la rivière d'Etampes (1) ».

(1) Jean de La Barre, *Antiquités de la ville, comté et châtellenie de Corbeil.*

Mais c'est faire assez d'érudition sur ce sujet, revenons à la ville. Il est certain que la présence des papeteries contribua à en augmenter l'importance et que près d'elles d'autres industriels ouvrirent successivement leurs usines. La meunerie et les filatures de laine et de coton avaient là, dès le dix-huitième siècle, des centres fort actifs.

Tout en faisant tourner des moulins, l'Essonne fournissait d'excellentes et magnifiques écrevisses. Les auberges de la ville étaient célèbres pour la bonté de leur cuisine et aussi pour l'élévation de leurs prix.

On raconte — mais nous ne relatons l'historiette que pour ne point paraître l'ignorer — que, sous Louis XV, un Anglais se rendant à la cour, alors à Fontainebleau, s'arrêta à Essonnes pour déjeuner et dut payer un œuf 24 livres. Indigné au récit de cette aventure, le roi fit, dit-on, fermer l'auberge, sans réfléchir que le plaignant avait sans doute fait succéder à son œuf un plantureux morceau de viande saignante, quelque légume, un copieux dessert, et arrosé le tout de vin de France.

Absolument industrielle aujourd'hui, Essonnes, par cette raison même, a encore des auberges et des hôtels, mais le coucher et les consommations n'y sont pas plus chers qu'ailleurs. Néanmoins, on fait rarement à Essonnes l'honneur de la visiter et, malgré la très réelle beauté des campagnes qui l'environnent, nul citadin n'y vient passer l'été, nul poète ne songe à s'y bâtir un ermitage, mais, ainsi que vous le verrez tout à l'heure, le touriste et le curieux ne sauraient se dispenser de s'y arrêter.

Essonnes fut, en 1814, témoin de la défection de Marmont. Le maréchal occupait là une position formidable et les 20 000 hommes qu'il commandait, joints à ce que Napoléon, alors à Fontainebleau, pouvait réunir encore des débris de son armée, eussent formé un corps assez puissant pour entrer de nouveau en lutte avec les alliés et ramener peut-être la victoire sous nos drapeaux.

Circonvenu par les agents du gouvernement provisoire, Marmont consentit à entrer en pourparlers avec le prince de Schwarzenberg; il s'engagea à quitter ses positions et à diriger son corps d'armée vers la Normandie. Une seule division ne suivit pas le mouvement; le général Lucotte, qui la commandait, trouva l'ordre suspect, et refusa de l'exécuter. La ligne de l'Essonne était néanmoins perdue et avec elle la dernière chance de salut pour l'empereur.

En 1870, Essonnes partagea naturellement le sort de Corbeil.

Avant d'entrer dans la ville, arrêtons-nous un instant à l'extrémité du pont; nous sommes devant l'artère centrale d'Essonnes, la large rue de Paris, égayée par les bannes multicolores ombrageant les devantures d'une longue suite de boutiques. Au-dessus des constructions, nous apparaît, gris, carré, surmonté d'une pyramide ardoisée, le clocher de l'église Saint-Étienne; au bout de la longue perspective, la verdure reparaît; c'est la route qui fuit au loin.

Quelle est cette magnifique propriété fermée par une grille accostée de deux pavillons que nous voyons à notre gauche? C'est Chantemerle, une curieuse usine, la grande fonderie Feray et ses magnifiques ateliers de construction métallique. Ce qu'il faut voir ici, ce qui est d'un intérêt tout particulier, c'est le grand nombre de machines-outils puissantes et ingénieuses, employées à la construction des ponts en fonte, des écluses, des conduites d'eau. Toutes ces choses gigantesques de poids et de dimensions circulent d'atelier en atelier, au fur et à mesure des besoins du travail. Accrochées à des chaînes, entraînées par des treuils glissant sur des rails fixés dans les combles, ces masses, qu'un attelage de plusieurs chevaux ne déplacerait pas, circulent doucement, sans bruit, et viennent en quelque sorte s'arrêter d'elles-mêmes devant les machines qui doivent leur apporter un perfectionnement. Ici, elles sont rabotées; là, elles sont lissées; ailleurs, elles sont ajustées, sans que l'ouvrier ait autre chose à faire que de les présenter au gigantesque outil, dont il surveille et dirige le mouvement automatique et régulier.

Nous avons visité bien des usines, en aucune d'elles

nous n'avons trouvé la propreté quasi-flamande et le silence presque monacal qui se remarquent en celle-ci.

A quelques pas de la fabrique, en remontant la rue, nous trouvons, au fond d'un carrefour planté de tilleuls, derrière une mairie banale, le portail de l'église Saint-Étienne. Ce portail, caché par un porche disgracieux et surmonté d'un bec de gaz, appartient à la fin du douzième siècle; ogival, sans sculpture au tympan, son archivolte est soutenue par des colonnes droites et torses, couronnées de chapiteaux différemment ornés. L'intérieur se compose d'une nef voûtée en berceau et terminée par les trois travées d'un chœur à mur droit accompagné de bas côtés étroits s'achevant en chapelles.

A gauche de l'église se dresse le clocher; il penche visiblement vers le sud; les fenêtres de son premier étage sont aveuglées; celles du second sont cintrées à deux ouvertures et ornées de colonnettes. C'est la plus ancienne partie de l'édifice.

Un peu plus loin, continuant à monter la rue, nous traversons un second bras de l'Essonne; la terrasse d'un cabaret surplombe la rivière d'un côté; de l'autre, un long lavoir mousse, tord, claque et babille, mais babille à ce point, qu'on l'a surnommé dans le pays l'*Imprimerie du Petit Journal*.

Jetons-nous maintenant sur la droite et, pendant un quart d'heure à peu près, suivons la rue d'Angoulême. C'est la principale artère d'un faubourg ouvrier; elle passe sous le chemin de fer et devant un ancien moulin à papier, où l'on ne fait plus que de la pâte, mais qu'on désigne encore sous le nom de *moulin d'Angoulême*, puis elle nous conduit à l'entrée de la papeterie.

Nous vous avons dit plus haut ce que furent les anciens moulins à papier d'Essonnes; il n'est peut-être pas sans utilité de rappeler maintenant ce que fut, depuis un siècle, l'usine que nous allons visiter.

Sous Louis XVI, les moulins d'Essonnes appartenaient aux deux frères Leclerc qui, le 26 mars 1789, les cédèrent à la famille de notre grand imprimeur Didot. Deux frères encore, Pierre-François et François-Ambroise et le fils du premier, Léger Didot, surnommé plus tard *Didot Saint-Léger*, en prirent la direction. Il paraît même que Bernardin de Saint-Pierre, gendre de Pierre-François, fut pendant quelque temps associé à l'entreprise.

Le papier alors se fabriquait à la main. Un mécanicien, nommé Louis Robert, employé à la papeterie, inventa, en 1798, une *machine à faire le papier d'une grande étendue ;* il prit un brevet le 27 nivôse an VII (17 janvier 1799), reçut 8 000 francs d'encouragement du gouvernement et vendit son invention à Léger Didot, qui partit en Angleterre pour l'exploiter. Nous n'entrerons pas ici dans les détails d'un procès qui fut pendant entre Robert et Didot jusqu'en 1827. Bornons-nous à dire qu'en 1810, la papeterie était achetée par un sieur Ragoulleau, moyennant 200 000 francs et revendue deux ans plus tard et pour le même prix à Delattre. Guillot l'acheta en 1826 et la posséda jusqu'à sa mort, en 1841. Sa veuve la céda alors à une Société anonyme dont le directeur était M. Gratiot. Le 27 juin 1867, M. Darblay jeune en devint acquéreur. Alors et successivement s'ajoutèrent à la manufacture d'Essonnes la papeterie de Moulin-Galant, d'Echarcon et une dizaine d'anciens moulins généralement employés à la fabrication des pâtes.

Il serait fastidieux d'entrer dans le détail des perfectionnements de l'outillage et des agrandissements dont l'usine a été l'objet. Nous savons déjà que ses habiles administrateurs ont créé le port des Bas-Vignons, la voie ferrée, le tunnel ; constatons qu'ils ont construit ici, en 1873, la cheminée qui domine toute la manufacture et toute la ville. Voici à quelle occasion elle a été bâtie.

Les habitants des communes voisines se plaignaient de l'odeur répandue par les fours où s'évaporent les résidus de soude provenant de la lessive des pailles. On creusa des conduits sous tous les foyers de l'usine, un conduit central assez large et assez haut pour qu'il soit possible d'y circuler en mail-coach à quatre chevaux et, sur le sommet de la colline que le tunnel traverse, on installa cette cheminée haute de 60 mètres, dont la circonférence a 20 mètres à la base et par où s'échappent toutes les fumées et toutes les vapeurs de l'usine.

C'est du haut de cette cheminée — un escalier en fer serpente autour de son fût — que nous voudrions qu'il vous fût possible de voir tout d'abord l'établissement ; l'ascension est pénible, vertigineuse parfois, mais, arrivé au faîte, on oublie bien vite la fatigue éprouvée.

Sous les yeux, séparés par la rivière, par des rues, par des cours, on a l'amas des pavillons, des ateliers, des hangars de l'usine ; vis-à-vis le pavillon d'entrée, on distingue les écoles, les cantines, la chapelle ; le soleil frappe sur d'innombrables toits, argentant l'un de leurs côtés, laissant l'autre dans l'ombre. Si vous êtes là à l'heure d'un repas, vous voyez des centaines d'individus, hommes, femmes et enfants, jaillir de toutes les portes, quitter tous les ateliers, emplir d'une nuée noire tous les passages et se diriger vers la porte. Vous avez l'illusion d'une ville émigrant tout à coup, emportée par la poussée d'une panique ou attirée au dehors par la promesse de quelque spectacle.

Mais quel spectacle vaudrait celui qui se déroule devant vous ? Abandonnez pour un instant la contemplation de l'usine, jetez les yeux sur l'horizon et reconnaissez la Seine qui, descendant de Melun sur Corbeil, semble être à vos pieds, puis se perd au loin entre les forts de Villeneuve et de Palaiseau et s'achemine vers Paris. Paris ! Oh ! vous le reconnaissez. Voici la tache d'or du dôme des Invalides, le grand cube blanc de l'arc de triomphe de l'Étoile, les deux tours du Trocadéro, la tour de 300 mètres ; braquez votre longue vue et vous reconnaîtrez le grand parallélogramme du Louvre, le toit de l'Opéra, l'église du Sacré-Cœur de Montmartre. Plus loin, vous verrez successivement les hauteurs boisées de Montmorency ; celles de Sannois et de Cormeilles qui sont à plus de 10 lieues de vous et la tour de Montlhéry qui paraît tout près et dont pourtant, à vol d'oiseau, 15 kilomètres vous séparent.

Et maintenant redescendons. Nous arriverons en bas, les jarrets brisés, et, avant de visiter les ateliers, nous nous reposerons un instant dans le jardin de l'école et nous regarderons les enfants des ouvriers prendre leurs ébats sous la surveillance de cinq ou six sœurs de la Sagesse.

Délassé par ce spectacle joyeux, nous entrons enfin dans l'usine proprement dite. Ici, pour être exact, nous serons forcé de faire un peu de technologie, mais nous nous efforcerons d'être concis et clair.

Tous nos lecteurs ont vu fonctionner, à l'Exposition de 1889, la machine à papier que la maison avait exposée. De semblables machines, ils en trouveront seize à Essonnes. deux à Moulin-Galant et deux à Écharcon, mais avant que la pâte arrive à couler sur la toile métallique, à peu près comme l'eau d'un barrage coule dans la partie inférieure d'une rivière, avant qu'elle y prenne sa forme et la consistance voulues; il faut que cette pâte elle-même ait été fabriquée. C'est à ce travail que nous allons assister dans les premiers ateliers qu'il nous sera donné de parcourir.

La pâte à papier se fait avec le chiffon, la paille, le bois et l'alfa, sorte de jonc qui provient de l'Algérie et de la Tunisie; quelle que soit la matière première employée, elle est soumise à des opérations identiques : triage, nettoyage, cuisson, blanchiment.

Nous entrerons d'abord dans les pièces où le chiffon subit ces diverses préparations.

Il est acheté par l'usine en gros ballots et lui arrive déjà classé en diverses séries ; il y a des chiffons blancs, des bleus, des gris, des bulles, etc., tout cela sommairement trié par les vendeurs et déjà lessivé, en conséquence à peu près propre. C'est dans l'atelier de *délissage* que les ballots sont ouverts et qu'une centaine de femmes trient de nouveau les chiffons, les coupent en morceaux grands comme la main, en arrachent la laine, le cuir, les œillets, les boutons de métal, etc., et enfin les classent par catégories correspondant aux divers besoins de la fabrication. Au sortir de cet atelier on sait déjà que le contenu de tel panier deviendra

UN ATELIER A LA PAPETERIE D'ESSONNES.

DESSIN DE F. HOFFBAUER.

du papier bleu, tel autre du bulle, tel du blanc, etc., etc.

Ce travail, on le comprend, produit une poussière qui serait non seulement désagréable, mais encore dangereuse à respirer. Désagréments et dangers sont évités grâce à de puissants ventilateurs jetant au plafond de l'atelier une grande quantité d'air. Cet air ne trouvant d'issue qu'à la surface du sol y ramène toutes les poussières et les entraîne dans des cheminées verticales. L'été on insuffle ainsi de l'air froid, l'hiver de l'air chaud.

Quand il est trié, le chiffon passe dans un autre atelier, une *coupeuse* le déchiquette en petits morceaux; il est alors jeté dans le *lessiveur*. Le lessiveur est un cylindre qui peut contenir 1000 kilogrammes de chiffons. Sur cette masse bien tassée on fait couler une dissolution de chaux dans de l'eau et l'on projette sur le tout un jet de vapeur à pression modérée. Une fois chargé, le cylindre est animé d'un mouvement de rotation et, au bout d'un jour, le chiffon est cuit, c'est-à-dire débarrassé de toutes matières graisseuses ou colorantes et prêt à être réduit en pâte. Cette opération se fait dans des *bacs* où tourne le cylindre *effilocheur* ou *raffineur*; il est armé, ainsi qu'une autre pièce fixe, de lames tranchantes et la masse du chiffon lessivé, passant entre ces lames, est bientôt réduite en charpie. Propre alors, mais de couleur terne, elle est transportée dans des cuves nommées *blanchisseuses* garnies d'une roue à palettes de bois, tournant dans la pâte et l'agitant constamment, tandis que des tuyaux amènent dans la cuve le chlorure de chaux auquel la composition devra sa blancheur.

L'alfa arrive à Essonnes par la Seine, en ballots carrés, bardés de fer ; il est soumis aux mêmes opérations de triage et de cuisson ; la soude caustique sert à son lessivage ; quant au blanchiment, il exige une proportion de chlorure de chaux dix fois plus forte que celle exigée par le chiffon.

La pâte de paille, qui arrive à égaler en qualité et en blancheur la pâte de chiffon, est faite avec des pailles de blé, de seigle et d'avoine hachées d'abord, puis *blutées*, c'est-à-dire débarrassées de leur poussière, de leurs nœuds, de leurs épis, de leurs grains; elle est lessivée comme le chiffon et l'alfa, et comme eux blanchie au chlore. L'usine n'employant pas toute la pâte de paille qu'elle fabrique, une grande partie est mise dans le commerce; celle-ci, après le blanchiment et l'égouttage, est soumise à l'action d'un presse-pâte et mise en ballots tout prêts pour l'expédition.

Il nous reste à parler de la *cellulose au bisulfite* ou *pâte de bois*. Faire de la pâte à papier avec du bois, la rendre aussi fluide, aussi blanche que la pâte de chiffon, produire avec elle tous les papiers, depuis le bristol jusqu'au serpente, voilà le problème insoluble en apparence et qui se résoud chaque jour à la papeterie d'Essonnes.

C'est avec du sapin épicéa, qui vient de la Finlande et de la Norvège, que l'on fabrique cette espèce de pâte. Si nous voulons la suivre d'atelier en atelier, nous en verrons un d'abord où les bûches, longues d'un mètre, sont lavées, brossées. débarrassées de tout ce qu'il peut leur rester d'écorce; allons un peu plus loin, nous nous trouverons devant la coupeuse. C'est bien la plus singulière mécanique qu'il soit donné de voir. Imaginez un grand disque d'acier fondu, intérieurement garni de deux fortes lames; placez sur le côté de ce disque une ouverture béante, assez large pour contenir une bûche de moyenne grosseur; un ouvrier a mis une poulie en contact avec une courroie, la machine marche ou mieux elle mâche; par cette ouverture dont nous avons parlé, on enfourne successivement des bûches qui disparaissent, broyées dans l'intérieur, et ressortent réduites en menus morceaux, et cela avec une vitesse prodigieuse. Ce qu'il y a d'extraordinaire, de véritablement fantastique, c'est le monstrueux aspect de cette machine. Nous voudrions peindre une allégorie de la voracité, nous ne choisirions pas un autre modèle. A-t-elle donc des organes, cette chose gloutonne ? On l'entend mâcher, broyer, parfois elle s'arrête, comme pour reprendre haleine, et se remet à mâcher et à broyer de nouveau, gigantesque bouche d'un Gargantua de fer et d'acier dévorant un stère de bois en dix minutes. Le bois sort de là en miettes, en copeaux.

Cet insatiable gastronome a un maître d'hôtel, mécanique comme lui, le *fendoir*. C'est un coin d'acier qui lentement, mais constamment, monte et descend. Si quelque rondin est trop gros pour être présenté à l'orifice de la coupeuse, on le place sous le fendoir; en un instant et sans plus d'efforts que n'en fait un canif pour fendre une allumette, la bûche est séparée en deux parties.

Les copeaux produits sont transportés dans des *lessiveurs* assez grands pour contenir 50 stères de bois ; traités par la vapeur et le bisulfite de chaux, dont la fabrication a lieu dans l'usine ils sont, au bout d'un certain temps, transformés en cellulose. Lavés ensuite à grande eau, ces résidus passent dans des cuves placées sous les lessiveurs où de grands croisillons en hélice tournent constamment et parachèvent la pâte, qui, ainsi que celle dont nous avons déjà parlé, n'a plus qu'à être blanchie pour être employée ou mise en ballots. Le blanchiment de la cellulose est obtenu par la décomposition du chlorure de magnésium.

Ces travaux préparatoires terminés, la pâte est prête à passer sur les toiles métalliques, entre les feutres, les laminoirs, les presses humides, les cylindres, à traverser enfin, en quelques instants, toute la machine à papier et à s'enrouler sur les *envidoirs* en rouleaux, dont le poids varie de 50 à 100 kilogrammes.

Que de choses nous pourrions vous montrer encore si nous ne craignions d'abuser de votre patience! Voici la salle de *façonnage* où vous verrez les *lisses* ou *satineuses*, les *massicots* ou coupeuses à guillotine, les *régleuses*, les *dévidoirs*, les *tours* pour bandes télégraphiques et aussi pour serpentins. Les régleuses sont bien la plus charmante et la plus ingénieuse petite machine qu'on puisse rêver; elles prennent une à une les feuilles de papier sur un tas, les font avancer chacune à leur tour, passer devant et derrière les arbres à disques qui font le tracé et les déposent une à une sur un pupitre.

Voici encore la salle immense, celle-ci est presque exclusivement occupée par des femmes, où se fait le *triage*, le *comptage*, la *mise en mains* et en *rames*, l'*endossage*, pliage en deux pour le papier écolier, etc. ; toutes opérations qui n'ont pas besoin d'être décrites, mais qui s'exécutent avec une dextérité extraordinaire et dans un enveloppement de blancheurs, dans un bruit de légers froissements, l'un aussi charmant aux yeux que l'autre doux à l'oreille.

Il est inutile de le faire observer, il y a là de grands magasins où toutes les sortes de papier sont rangées par formats, natures et qualités.

Il y a aussi des ateliers de peintres, de menuisiers et de mécaniciens. La machine à papier qui fonctionnait à la dernière Exposition avait été entièrement faite par les ouvriers de l'usine.

La papeterie d'Essonnes produit environ, chaque jour, 100 000 kilogrammes de papier, c'est à peu près la dixième partie de la consommation française; elle couvre avec ses annexes une superficie de plus de 100000 mètres carrés, elle emploie environ 2000 ouvriers.

En sortant de la papeterie, nous gagnons rapidement les bords de l'Essonne ; cette jolie rivière coule ici dans une riche campagne, elle actionne des moulins aux toits gris, des usines aux façades roses, elle égaye des plaines fertiles et contourne de verdoyantes îles. Auprès de l'une de ces dernières, quelques fermes se groupent et forment le hameau de la Nacelle; il est ainsi nommé en souvenir d'un bac que l'on y voyait autrefois et que M. Darblay a fait remplacer par un pont.

Franchissons ce pont, poussons la grille d'un parc tour à tour fleuri comme un jardin, ombreux comme une forêt, nous nous trouverons devant une blanche construction ornée de chainages de briques ; un perron donne accès au rez-de-chaussée, un balcon orne le premier étage, un belvéder couronne la maison, de belles serres l'accostent. Cette propriété est désignée dans le pays sous le nom de château Saint-Pierre, sans doute en souvenir de Bernardin de Saint-Pierre qui la créa en 1793. L'auteur de *Paul et Virginie* affectionnait beaucoup ce séjour; il est probable qu'il s'y serait fixé d'une façon définitive si les fonctions qu'il avait acceptées à Paris (direction du Jardin des plantes, chaire de morale à l'École normale, etc.) ne l'avaient obligé à habiter la capitale.

Regagnons les bords de la Seine dont nous avons l'intention de remonter encore un peu le cours, nous voici au port des Bas-Vignons. C'est un quai de débarquement et de chargement très actif; il a près de 100 mètres de longueur et, du matin au soir, on y reçoit les bois, les houilles, les résines, employés à la papeterie; là encore, plusieurs fois par mois, on embarque pour le Havre les papiers destinés à la Havane, à Buenos-Ayres, à Valparaiso, à Montevideo, etc. Ici les grues à vapeur marchent constamment, les bois s'empilent en immenses cubes, les charbons s'entassent en masses gigantesques, les bateaux se vident, les wagons sortent d'un tunnel ou disparaissent dans ses profondeurs.

Ce tunnel, long de plus de 700 mètres, c'est encore la papeterie qui l'a fait creuser : il réunit Essonnes à l'usine de Moulin-Galant et au port des Bas-Vignons.

C'est encore la papeterie qui a fait installer, en 1889, la puissante machine élévatoire que vous voyez ici. Quatre corps de pompe amènent l'eau dans un vaste bassin, elle passe ensuite à travers une couche de sable et s'y filtre, puis elle est reçue dans un réservoir placé à 25 mètres au-dessus de l'entrée du tunnel.

Ces pompes, simples et puissantes, mues par deux machines à vapeur, fournissent 25 000 mètres cubes d'eau par vingt-quatre heures. Où sont les 5 760 mètres aspirés par les encombrants appareils de Rennequin Sualem ?

Moulin-Galant est situé sur le coteau et dominé par la cheminée de l'usine, annexe de celle que nous avons visitée à Essonnes. Le village est desservi par la ligne de chemin de fer de Paris à Montargis.

Nous passons ensuite devant le barrage du Coudray et sa vaste écluse pleine de bateaux, puis nous rencontrons la voie de chemin de fer qui relie Corbeil à Montereau en passant par Melun. Son tracé a ébréché et gâté plusieurs des belles propriétés de la commune du Coudray.

Ce village se divise en haut et bas Coudray; ce dernier longe la berge et est seul intéressant; il se compose d'habitations d'aristocratique apparence, enfermées dans des jardins aux arbres parfois trop régulièrement taillés.

L'une des plus anciennes de la localité a été autrefois l'habitation de la marquise de Sablé, et, plus près de nous, celle de Firmin, sociétaire de la Comédie française. C'est là qu'en 1859, dans un accès de fièvre chaude, l'artiste se précipita par une fenêtre et vint s'abîmer sur le perron qui regarde le jardin.

La propriété appartient maintenant à la famille de Lauriston. La façade postérieure est plus ornée que celle qui se dresse sur le quai. Il est probable qu'avec le temps le bâtiment a été réduit, car le perron n'en occupe pas le centre.

Au fond du jardin, on voit, gracieux de forme, rose de couleur, se développant au-dessus d'une grotte circulaire, un haut escalier en fer à cheval. Il est suivi de deux autres étages qui conduisent à une vaste terrasse.

Du seuil de cette maison, on distingue sur l'autre rive, blanche dans un bouquet de verdure, la maison que Mlle Dupont habitait à Morsang-sur-Seine. On raconte dans le pays que la fameuse soubrette parlait parfois à son camarade, à travers la Seine.

Une autre propriété du Coudray a appartenu à Mme Scribe, cousine de l'auteur dramatique. Enfin, dernier souvenir, le maréchal Jourdan habita le château dont vous voyez au fond d'un vaste parc la façade blanche, froide, banale comme celle d'une caserne. Ce domaine appartient maintenant au duc de Reggio.

Nous n'irons pas plus loin sur ce côté de la Seine; nous suivrons encore pendant quelque temps la berge, puis un passeur nous transportera sur la rive droite du fleuve.

DE SEINE-PORT
A VILLENEUVE-SAINT-GEORGES

ITINÉRAIRE

Seine-Port : *île Malaquais*, mairie, église Saint-Sulpice ; forêt du Rougeau, château des Roches ; **Morsang-sur-Seine** : église, château de Plessis-Chenay; **Saintry**; **Saint-Germain-lez-Corbeil**: château, église Saint-Germain-Saint-Vincent ; **Étiolles** : château, église Saint-Martin ; **Soisy-sous-Étiolles** : château, église de l'Assomption ; **Champrosay** : mairie, forêt de Sénart, l'Hermitage, le carrefour d'Antin, chapelle Sainte-Hélène, pont de Ris ; **Draveil** : château de Draveil, château des Mousseaux, fontaine ; **Vigneux** : château Frayé ; **Montgeron** : église, fontaine; **Yères**: abbaye, maison Budé, fontaine Budé, église ; **Crosnes** : église Notre-Dame, maison dite natale de Boileau, moulin de Senlis ; **Petit-Crosnes** ; **Villeneuve-Saint-Georges** : château de Beauregard, hôtel de ville, église, monument commémoratif ; **Limeil-Brévannes** : église Saint-Martin, œuvre du maçon Baré, hospice de Brévannes ; **Valenton** : mairie, église, château.

DOUZIÈME EXCURSION

Seine-Port, Morsang-sur-Seine, Saintry.

Ainsi que nous l'avions projeté, nous avons traversé la Seine par un pont nouvellement construit et gagné Seine-Port, un joli pays qui s'allonge vert et riant sur la rive droite du fleuve.

Il y a quelques années, un passeur nous eût sans doute fait faire le tour de l'île Malaquais; c'était un coin frais, gai, feuillu, herbu, les promeneurs l'envahissaient le dimanche, en semaine les pêcheurs à la ligne passaient de longues heures sur ses rives. Malheureusement il paraît que l'île gênait la navigation ; on la livra à la pioche d'abord, à la drague ensuite, il n'en reste rien. Cela fait un vide presque aussi sensible que le ferait à Courbevoie la disparition de l'île de la Grande-Jatte.

Seine-Port s'appelait autrefois Saint-Port et devait cette dénomination au voisinage de l'abbaye des Barbeaux que Louis VII avait fondée en 1145. C'est aujourd'hui, au midi de Paris, un des plus charmants lieux de villégiature qu'il soit possible d'habiter.

De grands jardins, des maisons coquettes, des grilles ouvrant sur des cours sablées, de belles promenades plantées d'arbres, des villas que l'on prendrait volontiers pour des châteaux, deux ou trois moulins actionnés par le ru de Balory, qui se jette dans la Seine, large et belle, un cachet de vie aisée s'étendant jusqu'aux plus humbles demeures, juste assez de commerce pour satisfaire aux besoins de huit cents habitants, voilà, décrit en quelques mots, ce joli et séduisant pays.

LA SEINE A SEINE-PORT.

DESSIN DE F. DE MONTHOLON.

A son centre s'élève une coquette mairie ; c'est un bâtiment à trois corps dont le pavillon central formant saillie est décoré d'un balcon soutenu par des cariatides et couronné par un haut comble au centre duquel s'ouvre une jolie mansarde. A l'intérieur, les pièces, vastes et claires,

Seine-Port.

n'ont pas encore reçu de décorations. Ce gracieux édifice a été construit en 1886 sous la direction de Buval, architecte de Melun, aujourd'hui décédé.

Auprès de la mairie s'ouvre l'église Saint-Sulpice. Elle a été enrichie en 1834 d'un tombeau de marbre blanc érigé par le roi Louis-Philippe à la mémoire de son aïeul Louis-Philippe d'Orléans, mort au château de Sainte-Assise (1) le

(1) Le château de Sainte-Assise est situé à 2 kilomètres au sud de Seine-Port.

18 novembre 1785. On sait que ce prince avait secrètement épousé Mme de Montesson; elle fut, ainsi que le duc, fort bienfaisante pour la paroisse; l'église où nous sommes lui doit la construction de sa chapelle Saint-Louis. Une plaque fixée sur un mur nous apprend que cette dame fut inhumée à Saint-Sulpice en 1806, mais rien n'indique le lieu où elle repose.

A Seine-Port, on vous montrera la maison que Virginie Déjazet habita longtemps, celle où M. Legouvé, de l'Académie française, passe ses étés et enfin celle où demeura jadis le journaliste H. de Villemessant.

Longeant la Seine, une route court au bas d'un coteau garni de vignes et couronné de masses rocheuses. Déchiquetées et creusées par les pics des carriers, ces pierres meulières gigantesques ouvrent à des hauteurs de six ou sept étages des nefs, des galeries, des excavations affectant parfois l'aspect de gueules de monstres bâillant dans le vide. Ces catacombes aériennes, ces caves inaccessibles s'enfoncent sous des blocs énormes sur lesquels verdit toute une forêt.

Mais si le soleil est chaud, si nous éprouvons le désir de marcher pendant quelque temps à l'ombre, nous pouvons réaliser notre rêve sans tenter d'atteindre ces hauteurs. Voici la jolie forêt du Rougeau, verte, accidentée, piquée sur sa lisière de taches par des meulières. Engageons-nous dans les routes, grimpons un raidillon à l'endroit appelé *le Gouffre,* passons près d'un petit rendez-vous de chasse et de vieilles plâtrières, reposons-nous dans les clairières, errons sous les fourrés, glissons sur des pentes moussues, et nous arriverons bientôt au parc et au château des Roches. Le lieu est ainsi nommé à cause des nombreux grès que l'[illegible] y rencontre. Le parc, gracieusement ouve[illegible] [illegible]rome-neurs, est un morceau de la jolie forêt élagué [illegible] pour la création de pelouses vertes et de cor[illegible] Quant au château blanc, rose et gris (c'est [illegible] il est construit en pierres et en briques et couve[illegible] [illegible]oises), il est placé sur une éminence et domine toute [illegible]npagne

CHEMIN DU GOUFFRE, FORÊT DU ROUGEAU.
DESSIN DE F. DE MONTHOLON.

de ses hauts combles aigus émergeant d'une mer de verdure.

En quittant les Roches par une route qui court entre deux murs de parcs débordant de feuillage, un coin charmant, silencieux et ensoleillé, nous arrivons à Morsang-sur-Seine. Nous entrons dans le village par son côté aristocratique. Les maisons ici ont belle apparence, les jardins sont vastes et ombreux, des baies d'atelier s'ouvrent dans les combles de certaines habitations. L'une d'elles, et non la moins jolie, fut autrefois la propriété de Mlle Dupont, artiste de la Comédie française ; plus loin, moitié ferme, moitié château et

Morsang-sur-Seine.

touchant à l'église, voici la propriété de la famille Saint-Marc Girardin. C'est là que mourut le 11 avril 1873, l'auteur du *Tableau de la littérature française*.

Corbeil vu de Saintry.

L'église, une simple chapelle sans bas côtés, a été reconstruite aux frais de Barthélemy Saint-Marc Girardin, mort ainsi que son père à Morsang. Elle n'a de remarquable que son clocher roman qui passe pour l'un des plus anciens de la contrée; sa base est carrée et terminée par un assez curieux cordon sculpté; la partie supérieure, de forme octogonale, s'achève en pyramide ardoisée. Ce clocher a été très intelligemment restauré sous le dernier Empire, grâce à un legs de 1000 francs de M. J.-B. Gasnier.

A partir de l'église, le pays change d'aspect, nous voyons une mairie sans prétention, des fermes, des jardins, des maisons, tous également rustiques; nous sommes dans le silence et la solitude d'un lieu dont tous les habitants sont aux champs.

Poursuivant notre route, nous passons non loin du château du Plessis-Chenay, construction blanche à toits gris, propriété de la famille Denys Cochin, quelques belles saulées égayent ici les bords du fleuve, puis, à peu près en regard du port des Bas-Vignons, à l'endroit où s'ouvre le tunnel créé pour la ligne de Melun à Corbeil, qui réunit la vallée de la Seine à celle de l'Essonne, le fleuve forme une sorte d'îlot; nous franchissons son petit bras sur la plus élémentaire des passerelles, puis nous sommes à Saintry, un long village alignant en regard de l'eau ses basses maisonnettes, ses jardins, ses potagers, ses clos pleins d'arbres dont on retrouve chaque matin les beaux fruits sur nos marchés parisiens.

A notre gauche, coule la Seine. Accompagné d'un bruit de ferraille — c'est la chaîne qui se déroule — un remorqueur de la haute Seine entraîne un long train de bateaux, la fumée de sa cheminée jette des nuages alternativement blancs et noirs sur le fond vert des arbres.

D'ici, nous revoyons une dernière fois Corbeil et nous lui jetons un regard d'adieu; au-dessus des maisons se détache le clocher de Saint-Spire; plus loin, au bord de l'eau, apparaît le sommet du magasin neuf des grands moulins. Le clocher est gris et aigu, le magasin est rose et carré, tous deux se découpent vigoureusement sur le ciel et semblent symboliser, l'un le vieux Corbeil religieux, l'autre le Corbeil industriel de nos jours.

Saint-Germain-lez-Corbeil, Étiolles, Soisy-sous-Étiolles.

Près de Saintry est le joli village de Saint-Germain-lez-Corbeil.

Ici, parmi de nombreuses maisons de campagne, nous

remarquons, entouré d'un beau parc, le château dont les souvenirs de 1870 nous ont donné l'occasion de parler précédemment et qui appartient à M. Darblay. Tout auprès se dresse le portail gothique de l'église Saint-Germain-Saint-Vincent. Il est d'une conception charmante, des colonnettes emplissent ses ébrasements, des zigzags, des dents de scie, des pointes de diamant ornent l'archivolte. A l'intérieur, la nef centrale est accostée de bas côtés étroits et peu élevés s'achevant en chapelles; sur le sol du chœur on voit deux pierres tombales qui durent être richement ornées, si l'on en juge par les parties que le temps a respectées.

Église Saint-Germain-Saint-Vincent.

Nous allons maintenant rencontrer des localités plus captivantes par leur situation qu'intéressantes par leurs curiosités. Ce sont pour la plupart des pays de villégiature fréquentés en été et en automne par leurs châtelains et leurs grands propriétaires et le reste du temps abandonnés à une population indigène de cultivateurs et de jardiniers.

Le premier de ces villages où nous nous arrêterons est Étiolles ; nous le trouvons à 2 kilomètres environ de Saint-Germain-lez-Corbeil, entre la Seine et les derniers fourrés de la forêt de Sénart. Le pays compte environ 400 habitants. C'est un groupe de maisons rustiques enveloppé dans la verdure de plusieurs grands parcs.

Son château, construction élégante et coquette, entourée de beaux jardins, appartenait, au dix-huitième siècle, à Lenormand d'Étiolles, fermier général.

Au mois de mars 1741, la grille s'ouvrit devant un cortège nuptial. Lenormand venait d'épouser Antoinette Poisson, et la jeune femme prenait possession de son domaine. Elle était alors dans toute la fraîcheur de ses dix-neuf printemps, dans tout l'éclat de sa beauté, et se souciait fort peu de son mari, petit, laid, mal bâti, mais se préoccupait fort de ne point faire mentir la prédiction d'une tireuse de cartes, qui, dans son enfance, lui avait promis les plus hautes destinées.

Lenormand, grand chasseur, suivait fréquemment le roi quand il battait les buissons dans la forêt de Sénart. Antoinette réussit à attirer l'attention du monarque, qui, on le sait, ne résistait guère à l'éclat de deux beaux yeux, et le 23 avril 1745, Mme d'Étiolles quittait son château, son mari, ses deux enfants, s'installait à Versailles et recevait le titre de *marquise de Pompadour*.

En notre siècle, le château d'Étiolles a abrité de plus recommandables hôtes. Il appartint au comte de Saint-Aulaire, membre de l'Académie française, chef d'une nombreuse et aimable famille; sous le dernier Empire, le comte Walewski en fut propriétaire et y reçut, le 17 juillet 1861, la visite de l'impératrice Eugénie. Plus tard, il fut habité par Viollet-le-Duc, le célèbre architecte.

L'église du village, placée sous le vocable de saint Martin, renferme un fort joli tableau de Nattier. C'est un portrait de Mme Louise de France, fille de Louis XV, alors novice aux carmélites. Frais et rose au-dessus de costume gris, le visage de la princesse est d'une expression charmante; la douceur, la résignation, un peu d'effroi peut-être aussi se lisent sur cette figure, jeune encore, sérieuse déjà.

Si nous suivons le bord de l'eau jusqu'à la hauteur du barrage d'Évry, nous trouverons à notre droite l'avenue Chevalier, une voûte de verdure qui nous conduira au centre d'un nouveau village. Celui-ci est Soisy-sous-Étiolles, pays joyeux, odoriférant, plein de maisons de plaisance entourées de beaux jardins et de grands parcs; un lieu où il semble que l'on doit venir au monde largement renté, vivre sans connaître aucun souci et mourir chargé d'ans au milieu d'une quantité d'enfants et de petits-enfants; une oasis à la fois champêtre et bourgeoise, qui paraît née d'hier du caprice de quelques riches particuliers et qui cependant est une vieille localité, une seigneurie connue depuis le onzième siècle.

Cette seigneurie avait alors pour titulaire, ainsi que l'établit un titre de l'abbaye de Longpont daté de l'an 1093, un certain Hugo, à qui l'on donnait la qualification de « chevalier de Soisy » (*miles de Sosaco*). Dès ce temps-là, sans doute, mais plus tard on peut l'affirmer, Soisy avait son manoir féodal. Il appartint à Giles Malet, bibliothécaire de Charles V, et fut donné par Louis XI à Olivier Le Dain.

Le château moderne, qui eut pour habitants les généraux Lecourbe, du Taillis et Lauriston, et plusieurs riches villas entourées de jardins occupent l'emplacement de l'ancien domaine féodal.

Dans l'église, placée sous le vocable de l'Assomption, on voit encore l'ancienne chapelle des seigneurs, construite au treizième siècle; mais la curiosité est moins excitée ici par le monument que par les tableaux que l'on est tout surpris d'y rencontrer.

Voici d'abord sur un panneau de bois une *Assomption de la Vierge* portant bien le cachet du quinzième siècle, et qu'on attribue à Albert Durer; plus loin, un *Martyre de saint Barthélemy* dont Ribera est, assure-t-on, l'auteur. Les origines de ces tableaux sont incertaines, il est vrai, mais ce qui demeure hors de doute, c'est leur grande valeur artistique.

Dans cette même église, on voit encore le tombeau de M. de Bailleul, ancien seigneur de Soisy, mort en 1652, et enfin la très curieuse pierre tombale de « Mgr Giles Malet, chevalier, maître d'hostel du roi, châtelain de Pont-Sainte-Maxence, comte de Corbeil et seigneur de Soisy, décédé en 1410 ». Les dessins gravés très finement sur cette pierre sont des plus intéressants. Au centre de la composition, Jésus en croix est sur le point d'expirer entre les saintes femmes en prières; plus loin, Giles Malet est représenté à genoux avec divers autres personnages, et le groupe semble placé sous la protection de saint Gilles, patron du défunt.

Champrosay, forêt de Sénart, Draveil, Vigneux.

Un chemin direct, parallèle à la Seine, nous conduirait assez rapidement à Champrosay; nous passerions devant la mairie, simple mais coquette, que la commune a fait construire en 1878; nous verrions encore plusieurs luxueuses villas, quelques jardins vastes comme des parcs, morceaux de forêt parfois, et parfois aussi percés d'allées ou agrémentés de terrasses aux arbres taillés avec cette désespérante régularité qui ne permet point à une feuille de dépasser l'autre.

Eh bien, ce chemin, nous ne le prendrons pas. Nous sommes trop près de la forêt de Sénart pour nous refuser la joie d'explorer, non ses 2359 hectares, mais tout au moins quelques-uns de ses fourrés. Quand nous serons dans ce grand enveloppement de silence, quand les chemins tantôt larges, tantôt étroits, engageants toujours, traceront devant nous des rubans bruns sous des ogives ensoleillées ou sous des pleins cintres sombres, quand nous gravirons des pentes bordées de taillis un peu courts, le sol étant ici sablonneux, quand nous atteindrons des carrefours étoilés où, pour ne point s'égarer, il faut avoir recours à la carte et à la boussole, nous prolongerons peut-être notre promenade, car, bien que cette forêt ne soit en réalité qu'un bois, qu'il ne s'y trouve ni grottes, ni roches, ni arbres gigantesques, on y peut errer quelque temps sans ennui.

Nous dirigeant donc vers le nord-est, nous pourrons passer successivement par le carrefour des Vieux-Châteaux, par ceux de la Mare-aux-Cannes et d'Orléans. Revenant alors vers l'ouest, nous atteindrons en peu de temps le lieudit l'*Hermitage,* où nous rencontrerons, parmi quelques autres habitations, la villa coquette et fleurie qu'habite le dessinateur-écrivain-photographe-aéronaute Nadar. Où rit cet accueillant logis d'artiste, s'élevaient jadis les bâtiments sévères d'un prieuré dont saint Louis avait autorisé la fondation. Les *hermites de la forêt* de Sénart, réputés pour leur grande piété, dépendaient de l'abbaye d'Hiverneau qui fut fermée en 1640. D'autres solitaires vinrent s'enfermer à l'Hermitage, et quand la Révolution supprima les couvents, elle trouva celui-ci habité par trente-cinq religieux qui, dans leurs moments de loisir, s'occupaient de la fabrication des étoffes de soie. Après leur dispersion, les bâtiments furent démolis. Non loin de l'Hermitage, nous traversons le carrefour d'Antin. C'est une étoile où huit routes se croisent et dont le centre est occupé par l'immense ombrelle que forme le feuillage d'un chêne magnifique qui n'a pas son pareil dans toute la forêt.

Nous n'avons plus maintenant que quelques pas à faire pour gagner la grande rue de Champrosay; c'est la route abandonnée tout à l'heure qui, de Saint-Germain-lez-Corbeil, va presque en ligne droite jusqu'à Draveil.

Champrosay, comme Soisy-sous-Étiolles, très habité en été, fréquenté par les disciples de saint Hubert au temps des chasses, se recommande par sa situation charmante au milieu d'un frais et riant paysage. Il s'échelonne en amphithéâtre depuis les bords de la Seine jusqu'à la lisière des bois. De là, on domine toute la splendide vallée traversée par le fleuve qui s'étend de Ris-Orangis à Corbeil.

CHAMPROSAY, VU DES BORDS DE LA SEINE.

DESSIN DE F. DE MONTHOLON.

Parmi cette agglomération de maisonnettes, de cottages, de villas ayant toutes leur décoration de vigne vierge ou de glycine, leur jardin ou leur parc, nous chercherions en vain quelque monument ; la petite chapelle de style roman dédiée à Sainte-Hélène que nous voyons au bout du pays ne mérite pas ce titre ; mais puisque nous avons signalé la présence de Nadar dans le pays, nous pouvons rappeler

Carrefour d'Antin.

qu'Alphonse Daudet y possède une maison de campagne, et que jadis Eugène Delacroix y passait ses étés.

Tournant à gauche, au bout du pays, nous trouvons une belle avenue bordée de hauts peupliers ; elle nous conduit à un pont de quatre arches, une en pierre, trois en fonte, qui forme trait d'union entre Champrosay et Ris-Orangis.

Avant la guerre, il y avait là un pont suspendu que le marquis Aguado avait fait construire lorsqu'il était châtelain de Petit-Bourg. Détruit en 1870, il a été remplacé, en 1873, par celui que nous voyons.

La plaine, vaste et charmante ici, s'étend entre les dernières futaies de la forêt de Sénart et la Seine, que dominent à l'ouest les coteaux d'Athis et les pentes du plateau qui s'élève à l'est. Sous nos regards, Draveil et Vigneux éparpillent leurs fermes, leurs maisons de campagne, leurs châteaux.

Château de Draveil.

Ces derniers sont très nombreux. Draveil, outre le sien, qui se dresse à l'ouest du village, a sur son territoire ceux de Villiers, de la Folie, des Sables et des Mousseaux, sans compter celui de Chaige que nous avons vu avant d'entrer à Juvisy.

La plus remarquable de ces résidences est le château des Mousseaux, construit au commencement du dix-huitième siècle et que Girardon avait orné de deux vases en marbre aux panses sculptées représentant l'une *le triomphe d'Amphitrite*, l'autre, *Vénus escortée par les divinités de la mer*.

Draveil (*Dravernum*) existait au temps de Dagobert, et ce prince, par son testament, donna ce pays en toute propriété à la basilique de Saint-Pierre qui fut, comme on le sait, le berceau de la célèbre abbaye de Sainte-Geneviève.

En 732, l'abbé Frotbalde apporta à Draveil et déposa dans l'église, sous l'autel, les reliques de saint Hilaire, évêque de Poitiers. La légende — quel lieu n'a la sienne? — assure que deux serpents gigantesques, qui avaient élu domicile dans l'église, s'enfuirent dès qu'apparurent les restes du prélat.

Une fontaine égaye la place de l'église ; elle est surmontée d'une petite pyramide que décore le médaillon du docteur Rouffy, un bienfaiteur du pays. Cet hommage lui a été rendu en 1885, au moyen d'une souscription publique à laquelle s'associèrent les communes voisines.

Vigneux, beaucoup moins important que Draveil, a sur son territoire le vieux domaine de Rouvres, le château des Bergeries, propriété de l'État, où l'on fit, vers 1830, de grandes expériences de sériciculture sous la direction de Camille Beauvais, enfin le beau château Frayé, devant lequel nous passons en nous rendant à Montgeron.

Montgeron, Yères, Crosnes.

Avant d'entrer dans le village de Montgeron, nous dominerons un instant la vallée entourée de vertes collines, puis nous traverserons une longue et large rue bordée de maisons bourgeoises dont quelques-unes ont grand air ; des touffes de verdure pointent çà et là, des ruelles ouvrent de temps à autre des échappées sur la campagne, de joyeuses sociétés festinent dans les salles à manger des hôtels meublés ; cela va ainsi quelque temps, puis le silence provincial nous ressaisit tout à coup, il faut dépasser la mairie et l'église pour rencontrer un peu d'animation commerciale.

Essentiellement bourgeois aujourd'hui, Montgeron fut

lieu seigneurial jadis. Sillery, chancelier de Henri IV, habitait un château construit au temps de la Renaissance ; au dix-huitième siècle, le marquis de Boulainvilliers en embellit les jardins et ceux-ci devinrent fameux pour leur magnificence. Rien ne subsiste du château, rien ne reste des jardins.

L'église, située au fond d'une place ombragée de hauts marronniers, est une construction étroite, sans caractère particulier, sans décoration intéressante ; sur l'un des côtés de la place sont les écoles, sur l'autre la mairie; au milieu, entourée de touffes de fusains, se dresse une fontaine en bronze offerte à la ville en 1875 par M. Potel.

Rejetons-nous vers l'est et visitons Yères, un des plus jolis petits bourgs de la banlieue parisienne.

Nous passerons d'abord par le faubourg de l'Abbaye. Il est ainsi nommé en souvenir du couvent des bénédictines qui, depuis l'an 1132 jusqu'à la Révolution, en occupa tout le territoire.

Cette abbaye, riche et célèbre, qui, dès la fin du douzième siècle, avait une succursale à Paris, rue des Nonnains-d'Yères, avait été fondée par dame Eustache, comtesse d'Étampes, sœur du roi Louis le Gros. En ce monastère comme en bien d'autres, la règle, très sévère au début, se relâcha avec le temps ; dès le quinzième siècle, l'abbesse Marie d'Estouteville faisait de vains efforts pour ramener le troupeau dont elle avait la garde, à l'austérité depuis longtemps oubliée. D'autres abbesses diversement connues dirigèrent la communauté, mais, pas plus que Marie Pisseleu, sœur de la duchesse d'Étampes, la coquette Claire d'Angennes n'était capable de donner l'exemple des vertus monacales. L'abbaye s'éteignait doucement, obscure et oubliée, quand ses dernières habitantes furent dispersées au mois de juin 1791.

C'est dans une filature de laine que nous retrouverons les restes de ce monastère. Ce sont de solides et massives constructions du quinzième siècle soutenues par de puissants contreforts, surmontées de combles d'une hauteur prodigieuse et éclairées par d'immenses fenêtres. Ces bâtiments renfermaient autrefois les dortoirs et le réfectoire des nonnes. Ce dernier a conservé de curieuses sculptures qui

Restes du château d'Yères.

attestent une fois de plus le goût artistique et l'imagination féconde des artistes du temps.

Regardez la décoration de la porte. Voyez sur ses voussures et sur ses pieds-droits cette profusion de branches d'arbres, de fleurs, d'animaux, de joueurs d'instruments, de moines aux attitudes bouffonnes et de monstres grotesques ; voyez aux fenêtres, alternativement surbaissées et ogivales, ces culs-de-lampe aux dispositions ingénieuses, ces anges portant le blason de l'abbaye ; voyez sur les linteaux ces scènes monacales d'une orthodoxie contestable parfois, il faut le reconnaître, mais toujours exécutées avec une verve et un esprit infinis, et devant ces ruines, vous vous ferez facilement une idée de la grandeur du monastère et du luxe architectural de ses bâtiments.

Entrons maintenant dans le village. Il est arrosé par la jolie rivière qui porte son nom, sans qu'on sache exactement si elle le donna au bourg ou le reçut de lui.

Le pays est abrité des vents de l'est par les bois de la Grange et des vents du nord par le mont Griffon, dont le sommet empanaché de verdure atteint une altitude de 117 mètres, d'où l'on peut contempler divers points de vue ravissants de grâce et de fraîcheur; il est salubre, et comme tous les endroits salubres, respire la gaieté ; les maisons de campagne y sont nombreuses, mais elles affectent, avec leurs contrevents de joyeuse couleur et les charmilles qui tapissent leurs pignons, un air tout à la fois simple et patriarcal qui fait songer à la traditionnelle maison du sage.

La seigneurie d'Yères appartenait, au quatorzième siècle, à la maison quasi royale de Courtenay ; elle passa plus tard dans la famille des Budé, dont un membre fut le célèbre helléniste que le roi Charles VIII prit pour secrétaire intime et qu'Érasme appelait *le prodige de la France.* Sur la place du Taillis, on voit encore un débris imposant du logis, ou pour mieux dire, du château que les Budé ont habité; c'est une porte cintrée s'ouvrant à la base d'un bâtiment de trois étages flanqué de deux grosses tours rondes à toits en poivrières. Le tout est construit en briques rouges d'un ton éclatant ; une ligne grise court à la hauteur du deuxième étage, c'est une suite de pilastres en grès du mont Griffon ; ces pilastres soutenaient autrefois un balcon. A l'intérieur, on voit des traces des anciennes fortifications.

Non loin de là, dans une propriété particulière qui faisait jadis partie du domaine seigneurial, une source jaillit d'un entassement de rochers; on appelle cette source la *fontaine de Budé;* le médaillon du grand savant décore cette fontaine et l'on attribue à Voltaire, un peu légèrement peut-être, ces quatre vers qu'on lit sur l'une des roches :

Toujours vive, abondante et pure,
Un doux penchant règle mon cours.
Heureux l'ami de la nature
Qui voit ainsi couler ses jours !

L'église n'est pas intéressante au point de vue architectural; elle renferme une chaire trop dorée dont la cuve semble être faite avec une chaise à porteurs du temps de Louis XIII; mais quelques tableaux qui décorent les murs méritent d'être signalés, entre autres une *Présentation de la Vierge*, bonne œuvre flamande du commencement du seizième siècle, puis une *Naissance du Christ* et un *Mariage de la Vierge*, peintures anciennes aussi, dont les auteurs nous restent inconnus, et qui ne sont pas sans valeur.

A l'ouest d'Yères, nous trouvons Crosnes, vieux village modernisé maintenant par la présence d'un grand nombre de maisons de campagne qui ont la prétention d'être toujours jolies et parfois même originales.

N'affligeons pas les heureux propriétaires de ces immeubles en essayant de leur démontrer combien sont de goût douteux les menues sculptures qui enguirlandent leurs façades et piteuses d'aspect les statues de déesses en plâtre dégradées par les pluies, qui se dressent dans leurs jardinets et, pour leur être agréable, mentionnons — car on en est fier ici — le castel pseudo-moyen âge avec tourelles en encorbellement, créneaux, mâchicoulis, etc., qui fait le plus bel ornement de la place Dupré, fantaisie architecturale que son auteur, M. Énault, a continuée à l'intérieur de la maisonnette en ornant les plafonds de grosses solives et les pièces de cheminées monumentales.

Au dix-huitième siècle, Crosnes s'enorgueillissait à bon

droit de ses jardins de Flore, propriété magnifique du lieutenant de police Thiroux, qu'on appelait aussi M. de Crosnes. On raconte, et nous l'avons lu dans de sérieux ouvrages, que ce seigneur refusa de se dessaisir de ces jardins quand, après le 18 brumaire, Bonaparte voulut les donner à Sieyès en récompense des services qu'il venait de lui rendre. La chose nous paraît impossible à admettre, attendu que Thiroux se démit de ses fonctions deux jours après la prise de la Bastille, et qu'après avoir passé quelque temps en Angleterre, il revint à Paris, en 1794, et fut arrêté, emprisonné à Picpus, jugé et guillotiné.

En remontant plus loin dans le passé, mais sans en retrouver plus de traces que des jardins de Flore, nous constaterions à Crosnes la présence d'un château qui appartint à Philippe de Savoisy, chambellan de Charles V, à Olivier Le Daim, et plus tard au maréchal d'Harcourt et au duc de Brancas.

L'église Notre-Dame de Crosnes dut être originairement un assez joli petit édifice; le chœur et le portail ont encore le cachet du douzième siècle, les autres parties ont été refaites au seizième; malheureusement, le portail, en ces derniers temps, a été couvert de badigeon blanc et renfermé sous un porche disgracieux.

Au numéro 3 de la rue Simon est la maison où l'on prétend que le 1er novembre 1636 (1) naquit Boileau. Au-dessus du cintre de la porte donnant accès à la cour, vous lirez ce quatrain gravé en lettres d'or sur une plaque de marbre :

Ici naquit Boileau, ce maître en l'art d'écrire.
Il arma la raison des traits de la satire,
Et, donnant le précepte et l'exemple à la fois,
Du goût il établit et pratiqua les lois.

A cette prose rimée, nous préférons ces simples mots

(1) Il est depuis longtemps prouvé que le satirique naquit à Paris, rue de Harlay, mais il a certainement pu habiter dans son enfance cette demeure dont son père était propriétaire.

L'YÈRES AU MOULIN DE SENLIS.

DESSIN DE F. DE MONTHOLON.

gravés sur la façade de la maison telle encore qu'elle existait au dix-septième siècle :

ICI NAQUIT BOILEAU DESPRÉAUX EN 1636.

Ces mots sont surmontés d'un joli médaillon en terre cuite que certainement le poète n'a pas connu ; par les fenêtres du rez-de-chaussée, on a vue sur un jardin agréablement terminé par une belle avenue de tilleuls formant berceau.

Nous avons légèrement raillé les propriétaires de Crosnes en entrant dans le village ; ne le quittons pas sans rendre hommage à ses agriculteurs qui, depuis quelques années, ont trouvé une source de prospérité dans la culture du *Stachys tuberiferum* de la Chine et du Japon ; ne vous effrayez pas de ce nom scientifique, il désigne simplement un légume assez répandu maintenant sur nos marchés, recherché par nos ménagères, et connu sous le nom de *crosnes*.

A moins d'un kilomètre à l'ouest du village, l'Yères coule transparente sous l'ombre des peupliers, forme une île et actionne le moulin de Senlis. Celui-ci est une construction fièrement campée, un bâtiment d'un beau ton dont les vives arêtes et le toit aigu se découpent en vigueur sur l'horizon et dont la coulée limpide de la rivière reproduit l'ensemble immobile au milieu de l'incessant frémissement des feuillages voisins.

Mais si séduisant que soit le tableau, il faut nous arracher à sa contemplation, reprendre notre marche et gagner Petit-Crosnes, faubourg de Crosnes. En nous acheminant vers lui, nous rencontrons de belles pépinières, des briqueteries et, dans le passage du Gué, un vieux moulin que M. Émile Énault, déjà nommé, a converti en habitation moderne sans en altérer le caractère. Quant au faubourg, il s'est créé sur la route qui mène à Villeneuve-Saint-Georges et se compose de deux rangées de maisons bourgeoises bâties derrière d'étroits fossés et toutes munies d'un petit pont facilitant l'accès de leur entrée.

Villeneuve-Saint-Georges, Limeil-Brévannes, Valenton.

C'est en suivant les rives de l'Yères, toujours bordées de hauts peupliers et de vieux saules aux troncs creux, que nous arrivons à Villeneuve-Saint-Georges.

Vue de loin, Villeneuve-Saint-Georges est une ville particulièrement attirante ; ses vieilles maisons, ses villas coquettes, son église, un château, s'étagent pittoresquement aux flancs du mont Griffon, sur la rive droite de la Seine, au confluent de la gaie rivière de l'Yères. L'impression première s'atténue un peu lorsque l'on parcourt la petite ville. Assez animée depuis qu'elle est devenue l'une des stations du chemin de fer de Lyon et un lieu de villégiature pour les Parisiens, elle est bourgeoise en certaines de ses parties et demeure agreste en d'autres. Elle est composée d'une agglomération de ruelles montueuses, mal pavées, bordées de tristes masures, ensemble assez monotone, heureusement rompu par quelques beaux jardins, un assez grand nombre de maisons de campagne et l'irrésistible charme des bords des deux rivières qui l'arrosent.

Au-dessus du groupe que forme la ville et le dominant, se dressent le fort, l'église et le château de Beauregard. Le fort, bâti depuis la dernière guerre, est un des plus importants de notre ligne de défense ; il commande les vallées de la Seine et de l'Yères et, stratégiquement parlant, est la clef du plateau de la Brie.

Nous parlerons de l'église tout à l'heure, arrêtons-nous au domaine de Beauregard ou de Balzac, comme on dit souvent dans le pays.

Le parc de Beauregard, d'où l'on découvre une immense étendue de plaines et de bois, après avoir été abandonné pendant quelques années, est devenu la propriété de la commune de Villeneuve-Saint-Georges. Dans le château, converti en hôtel de ville, les services municipaux et celui de la justice de paix ont été solennellement installés le 19 avril 1896. L'ancien château, devenu édifice municipal,

L'YÈRES PRÈS DE SON EMBOUCHURE, A VILLENEUVE-SAINT-GEORGES.

DESSIN DE F. HOFFBAUER.

est une jolie construction à la façade grise ornée de chaînages roses, d'un élégant perron et de terrasses à la Mansart. Cette demeure fut, en 1676, celle de Jean Delpy, procureur en la cour de Paris et seigneur de Ris; après lui, y vécut le cardinal de Furstenberg, soixante-dix septième abbé de Saint-Germain des Prés. Ce personnage, aimable et gai, grand amateur de musique, avait fait agencer dans le château une salle où l'on pouvait donner des concerts, jouer la comédie et danser des ballets. Après ce prélat, Beauregard fut habité par Claude Le Peletier, contrôleur général des finances, qui, de 1668 à 1675, avait été prévôt des marchands de la ville de Paris, et enfin la propriété, après avoir passé dans plusieurs mains encore, fut acquise au commencement du dernier Empire par Mme la comtesse de Hauska, veuve d'Honoré de Balzac, qui l'habita pendant quelques années avec son gendre, sa fille et la famille du peintre Gigoux, pour qui elle avait fait transformer l'orangerie en atelier (1).

L'église est tout auprès du domaine et c'est par un escalier de quarante-six marches qu'on atteint la terrasse sur laquelle elle est bâtie. Sa façade au toit hardi, ses hauts contreforts, son clocher carré forment un ensemble de lignes très agréable à l'œil. L'aspect général est malheureusement gâté par un vilain badigeon jaune, dont on a eu la bizarre idée de couvrir toute la partie supérieure de l'édifice. Il ne faut pas que cette faute de goût nous empêche d'admirer les trois jolies portes renaissance par lesquelles on peut pénétrer dans l'édifice.

A l'intérieur, habilement restauré en ces dernières années, nous voyons un chœur treizième siècle décoré de vitraux

(1) Parmi les différents propriétaires du domaine, on a retenu les noms de Breget, chevalier-trésorier des ordres de Saint-Lazare et de Mont-Carmel; de Jourdan, ancien capitoul de Toulouse; de Couvret de Beauregard, trésorier du duché de Valois et d'Orléans; du vicomte de Meslen, maréchal de camp des armées du roi; de Chesnel de la Rossirée, avocat au parlement de Rouen, et enfin d'Alexandre Rey, chevalier de Saint-Louis.

intéressants, de gros piliers, de fines colonnettes et une voûte soutenue par des arcades d'une très remarquable élégance.

Sur un des piliers de la nef se détache, gris sur la pierre blanche, assez bien conservé dans la plupart de ses parties, un curieux bas-relief représentant, en une suite de petits groupes très bien agencés, divers épisodes de la vie de la Vierge ; c'est un travail exécuté dans un sentiment à la fois naïf et poétique, d'un charme très captivant, et qui nous paraît remonter au seizième siècle.

Villeneuve-Saint-Georges, qui appartint longtemps à l'abbaye de Saint-Germain des Prés, a plusieurs fois été victime de nos dissensions intestines et aussi de nos guerres nationales. Les ligueurs du duc de Mayenne réduisirent à peu près le village en ruines au cours de l'année 1580; moins de cent ans après, en 1652, Turenne y battit Charles IV, duc de Lorraine; enfin, lors de notre dernière lutte avec l'Allemagne, on a fait ici vaillamment son devoir. Au bout du pays, vous verrez une pyramide en pierre, simple, sévère, sobrement décorée d'une couronne au faîte, et vous lirez sur une de ses faces :

A LA MÉMOIRE
DES SOLDATS FRANÇAIS MORTS A VILLENEUVE-SAINT-GEORGES
PENDANT LA GUERRE DE 1870-1871

Sur les autres côtés sont inscrits les noms des batailles auxquelles les enfants du pays ont pris part :

CHAMPIGNY, MONT-MESLY, L'HAY, MONTRETOUT

Enfin, sur la face postérieure, on lit ces simples mots qui résument toute l'histoire du monument :

SOUSCRIPTION PUBLIQUE 1888-1889

A 2 kilomètres au nord de Villeneuve-Saint-Georges et presque sur la lisière des bois de la Grange, Limeil, dominé par le clocher de son église, s'étend sur le versant d'un

CHATEAU DE BRÉVANNES.

DESSIN DE HOFFBAUER.

coteau. Cette commune est composée en grande partie de vieilles et chétives maisons, dont le voisinage de plusieurs belles propriétés et d'un certain nombre de castels bourgeois n'atténue point la tristesse (1).

L'église, placée sous l'invocation de saint Martin, a subi de nombreuses modifications dans son ensemble ; quant à ses plus anciennes parties, elles paraissent remonter au treizième siècle. Quelques beaux vitraux décorent le fond du chœur.

Limeil, où Mme de Sévigné séjourna souvent en compagnie de Mme de Coulanges, s'appelle Limeil-Brévannes; la localité ajoute à son nom celui d'un hameau qui l'avoisine et que son château a rendu célèbre.

Ce château, coquette construction du dix-septième siècle, entourée de jardins superbes dessinés par Le Nôtre, ouvrant toutes ses fenêtres sur de magnifiques points de vue, a été acquis en 1885 par l'administration de l'Assistance publique et transformé en hospice. Cette particularité nous étant connue, nous nous attendions à trouver le domaine à peu près ruiné. Si l'habitation existe encore, pensions-nous, elle doit être occupée par le directeur, l'économe, les bureaux administratifs. Quant au jardin qui vit passer sous ses ombrages l'aristocratique société du grand siècle, nous le supposions absolument déshonoré par des dispositions nouvelles, encombré de vieillards loqueteux et cacochymes, parcouru par des infirmiers à la triste livrée des maisons hospitalières. Enfin, où le luxe avait régné dans toute sa splendeur, nous nous préparions à rencontrer la misère dans ce qu'elle a de plus profondément attristant.

A peine avions-nous franchi la porte de l'hospice de Brévannes, ainsi s'appelle maintenant le domaine, qu'à notre grande surprise toutes nos préventions s'évanouissaient.

Entouré de ses fossés d'eau vive, le château dresse tou-

(1) L'une de ces propriétés appartient encore aux descendants du comte Romain de Sèze, né à Limeil en 1748, qui fut l'un des défenseurs du roi Louis XVI.

jours ses blanches et coquettes façades au-dessus de ses perrons élégants, l'administration se contentant pour elle du bâtiment qu'habitait autrefois le régisseur, a abandonné le grand corps de logis à ses pensionnaires, mais respectueuse de ce qu'elle achetait au passé, elle a conservé l'ornementation originale des pièces les plus intéressantes; c'est ainsi que dans la salle à manger du rez-de-chaussée, nous retrouvons ce décor blanc et gris si doux à l'œil, et au-dessus des portes de délicates sculptures en très léger relief d'un effet charmant. C'est ainsi que dans le salon converti en dortoir pour les femmes, nous voyons une grande glace encore entourée de son cadre richement doré et sur les portes de jolis médaillons supportés par des sphinx, enfin dans le bel et spacieux escalier d'honneur aux larges degrés de pierre, notre main est guidée par une magnifique rampe, véritable chef d'œuvre de serrurerie, brillant de tout l'éclat du bronze et de l'acier.

Femmes et hommes célibataires habitent dans le château, les unes le rez-de-chaussée, les autres le premier et le second étage.

Le quartier des ménages est un vaste bâtiment à quatre faces identiquement semblables entourant une cour divisée en parterres fleuris. Des couloirs intérieurs prenant vue sur la cour permettent de faire au rez-de-chaussée comme à l'étage unique tout le tour de la construction. L'un des côtés du bâtiment est réservé aux réfectoires; dans les couloirs, sur les trois autres, s'ouvrent les portes des chambres toutes uniformément meublées de deux couchettes, de deux tables de nuit, d'une commode, de deux fauteuils, de deux chaises, d'une table et accostées de deux petits cabinets où l'on peut ranger les vêtements et les menus objets de ménage.

La partie affectée aux réfectoires s'étend aux deux côtés d'un pavillon central formant saillie sur la cour, dont le sous-sol renferme les cuisines et qu'on appelle *pavillon de distribution*, parce que c'est là que les employés emplissent les plats, découpent les mets et de là qu'ils partent pour servir les tables en marbre alignées dans les deux longues salles qui suivent.

Vus du pavillon central, les réfectoires offrent aux heures des repas l'aspect d'un véritable restaurant, et non, croyez-le bien, d'un restaurant de dernière classe. Ici, pas de bruit, pas de désordre, pas d'exhalaisons coupant l'appétit. Une franche lumière inonde les hautes salles, et le soleil, qui vient du jardin, pique de points lumineux les couverts en ruolz et la porcelaine blanche, le tout d'une irréprochable propreté. Faisons remarquer aussi que l'hospice ne soumettant pas ses pensionnaires à l'obligation de porter un uniforme et les femmes prenant leur repas en compagnie de leurs maris, la triste monotonie qu'un pareil tableau présente en des établissements similaires est ici remplacée par une agréable variété.

Ce bâtiment, construit avec une simplicité qui n'exclut pas une certaine coquetterie, a été inauguré au mois de décembre 1889. M. Grandjacquet, architecte, mort depuis, en avait dressé les plans.

L'administration ne s'en tiendra pas là. Dans un immense carré du parc, un nouveau quartier s'est élevé déjà, d'autres seront construits sur le même modèle et autour d'une cour centrale; l'ensemble pourra contenir 3200 lits (1); enfin, on a l'intention de construire une annexe destinée à recevoir 400 enfants. Ces projets réalisés, le château sera consacré au service de l'infirmerie. L'établissement deviendra, dans un temps donné, le plus bel hospice de l'Europe.

Exclusivement destiné aux indigents, l'hospice de Brévannes reçoit gratuitement ses pensionnaires, n'exige d'eux aucun apport de meubles, laisse à leur disposition le magnifique jardin de la propriété, les emploie, moyennant salaire, à divers travaux dans la maison et leur permet d'accepter au dehors toutes les occupations lucratives qu'ils peuvent se procurer.

(1) Au commencement de l'année 1897, on comptait à Brévannes 1100 pensionnaires, dont 200 ménages.

La maison est très paternellement dirigée. Aussi soucieuse du bien-être matériel de ses pensionnaires que de leur procurer sans frais et sans déplacement toutes les distractions compatibles avec le bon ordre, l'administration a fait installer des salons de jeu et des fumoirs ; là les vieillards trouvent des cartes, des damiers, des dominos ; aux murs de ces salles, vous verrez de petites fontaines en porcelaine contenant cette rafraîchissante infusion de bois de réglisse connue sous le nom de *coco ;* ceux qui ont soif peuvent se désaltérer sans aller au cabaret.

Une bibliothèque, à la fois instructive et moralisante, est à la disposition de tous ceux qui veulent y puiser ; enfin, chose à noter, la discipline a été établie sans qu'un règlement ait été édicté. On est arrivé à faire comprendre aux pensionnaires ce qu'il est indispensable d'éviter, et ce dont il est bon de se soucier, cela sans rien invoquer autre que le sentiment des convenances.

L'hospice étant ouvert à toute heure, les visiteurs y viennent en grand nombre ; leur affluence augmentera encore lorsque sera terminée l'installation d'un tramway qui le reliera à celui qui fait le service entre Charenton et Créteil.

Ajoutons qu'à Brévannes, l'émanation écœurante bien connue sous le nom d'*odeur d'hôpital* est chose absolument inconnue.

Comme à peu près dans tous les établissements semblables, les vieillards sont reçus à soixante-dix ans et les infirmes admis dès qu'ils sont reconnus incapables de subvenir à leurs besoins.

Valenton touche à Limeil ; nous nous croyons encore dans ce dernier pays quand, après avoir suivi pendant quelque temps les murs du parc, puis laissé sur notre gauche la redoute de Limeil et une plaine, nous nous apercevons que nous descendons la Grande-Rue de Valenton. Nous sommes ici dans le quartier le plus modestement habité du pays, quartier de travailleurs où un laborieux du temps passé a laissé un souvenir.

Sur le pignon d'une modeste bâtisse, au numéro 54 de la

Grande-Rue, nous voyons, fort bien conservée dans ses principales parties, une petite construction en pierre représentant une sorte de chapelle à trois niches voûtées, creusées en hémicycle et séparées par des colonnes cannelées, le tout de jolies proportions ; la niche centrale, surmontée d'un fronton, descend jusqu'au bas de l'édicule, les deux autres en occupent la partie supérieure et s'ouvrent au-dessus de trumeaux moulurés ; une frise dorique ornée de triglyphes et de gouttes règne au-dessus des chapiteaux et complète un fort harmonieux ensemble.

Au-dessous, divisée en deux parties par de petites pierres qui ont peut-être servi à sceller un blason, nous lisons cette inscription dont nous respectons scrupuleusement la forme et l'orthographe :

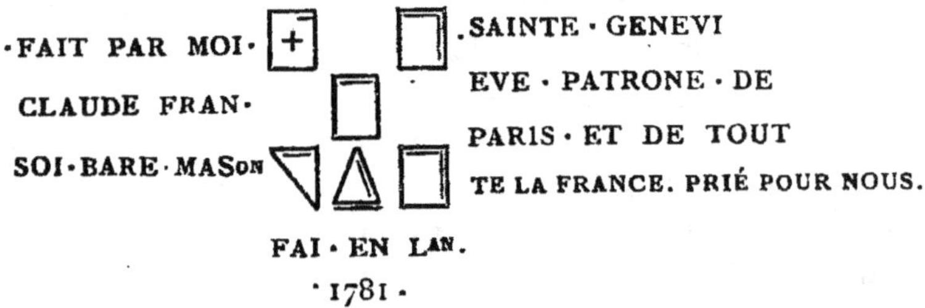

Le *mason* Bare avait probablement placé la statuette de sainte Geneviève dans la niche centrale, et celles de deux autres saints dans ses voisines, mais on comprend que ces images ont dû disparaître en 1793 et l'on demeure étonné que la petite manifestation pieuse de l'ouvrier n'ait point eu le même sort.

Si nous nous rejetons à droite dans le pays, nous entrons dans le quartier où sont les luxueuses demeures ; la plupart de ces dernières, il suffit de les voir pour en être convaincu, appartiennent à des parvenus ou à des financiers. Si le regard plonge dans quelques intérieurs, il est sûr de rencontrer invariablement ou le lourd confortable bourgeois ou les rutilances orgueilleuses de l'or ; si les feuillages s'inclinent l'un vers l'autre dans les allées, ils ont l'air de se raconter des nouvelles de Bourse, si la brise les agite, on croit entendre un froissement de papier joseph. Rien ici ne console de la banalité prétentieuse du lieu. La mairie paraît s'ennuyer au fond d'une cour, l'église, sans façade, coiffée d'un clocher qui n'appartient à aucun style, est une bâtisse moderne d'une parfaite insignifiance.

Au sommet d'une éminence, au milieu d'un beau parc, s'élève le château de Valenton ; il a été reconstruit en ce siècle et conserve un fort joli aspect, grâce à ses tourelles, son campanile et ses gracieux clochetons. Un pavillon circulaire qui flanque la grille d'entrée, rappelle seul le style un peu sévère de l'ancien édifice.

Valenton, point de halte pour le chemin de fer de Grande Ceinture, est relié à Villeneuve-Saint-Georges par un service d'omnibus. Il nous est donc maintenant facile de rentrer à Paris.

INDEX ALPHABÉTIQUE

Les chiffres romains désignent les excursions et les chiffres arabes les pages.

PARIS. — TYPOGRAPHIE A. HENNUYER, 7, RUE DARCET.

LES ÉTAPES D'UN TOURISTE EN FRANCE

PROMENADES ET EXCURSIONS

DANS

LES ENVIRONS DE PARIS

Par Alexis MARTIN

RÉGION DE L'OUEST

Un volume in-16 de 512 pages, illustré de 109 gravures dont 51 hors texte, de 7 cartes et plans coloriés, de 3 cartes itinéraires et de 2 vues panoramiques. Prix : relié toile, 10 francs.

Afin de faciliter les excursions, chacune des régions de l'Ouest, du Nord et du Sud a été divisée en trois parties correspondant à des directions différentes et que l'on peut se procurer séparément.

Première partie : *Autour de Saint-Cloud.— De Sèvres à Versailles. — De Versailles à Marly et à Bougival.* — In-16 de 160 pages, avec 25 gravures dont 16 hors texte, 2 cartes coloriées, 1 carte itinéraire et 1 vue panoramique. Prix : broché, 3 francs.

Deuxième partie : *Autour de Versailles. — La vallée de Chevreuse. — Vallées de la Bièvre et de l'Yvette, Rambouillet. — Au pays chartrain.* — In-16 de 184 pages avec 42 gravures dont 19 hors texte, 3 cartes coloriées, 1 carte itinéraire et 1 vue panoramique. Prix : broché, 3 francs.

Troisième partie : *Autour de Saint-Germain. — Les rives de la Seine : de Poissy à Mantes et à la Roche-Guyon, et de la Roche-Guyon à Argenteuil.* — In-16 de 172 pages avec 42 gravures dont 17 hors texte, 1 carte itinéraire et 2 cartes coloriées. Prix : broché, 3 francs.

Les trois parties cartonnées et réunies dans une reliure mobile. 10 fr. 50.

RÉGION DU SUD

Un fort volume in-16 de 648 pages, illustré de 193 gravures dont 71 hors texte, de 2 vues panoramiques, de 6 cartes et plans coloriés et de 3 cartes itinéraires. Prix : relié toile, 11 fr. 50.

Première partie : *Melun. — Fontainebleau et son palais. — Forêt de Fontainebleau, Moret, Montereau, Nemours. — Vallée du Lunain, Château-Landon.* — In-16 de 260 pages, avec 74 gravures, 1 vue panoramique, 1 carte itinéraire et 2 cartes coloriées. Prix : broché, 3 fr. 50.

Deuxième partie : *De Larchant à Etampes. — D'Etampes à Malesherbes. — De Malesherbes à Orléans. — Orléans. — De Patay à Auneau.* — In-16 de 272 pages, avec 81 gravures, 1 vue panoramique, 1 carte itinéraire et 2 cartes coloriées. Prix : broché, 3 fr. 50.

Troisième partie : *Dourdan et la Vallée de l'Orge. — Arpajon. — Montlhéry. — Longjumeau. — Corbeil. — De Seine-Port à Villeneuve-Saint-Georges. — La forêt de Sénart.* — In-16 de 156 pages, avec 38 gravures, 1 carte itinéraire et 2 cartes coloriées. Prix : broché, 3 francs.

Les trois parties cartonnées et réunies dans une reliure mobile. 12 francs.

RÉGION DU NORD

Un volume in-16 de 560 pages, illustré de 150 gravures dont 56 hors texte, de 2 vues panoramiques, de 6 cartes et plans coloriés et de 3 cartes itinéraires. Prix : relié toile, 10 francs.

Première partie : *La Vallée de Montmorency. — Pontoise et les bords de l'Oise. — La forêt de Carnelle. — Chantilly.* — In-16 de 180 pages, avec 45 gravures dont 16 hors texte, 1 vue panoramique, 1 carte itinéraire et 2 cartes coloriées. Prix : broché, 3 francs.

Deuxième partie : *De Senlis à Compiègne et à Noyon. — La forêt de Compiègne et Pierrefonds. — Villers-Cotterets. — Crépy-en-Valois. — La Ferté-Milon. — Nanteuil-le-Haudouin*, etc. — In-16 de 200 pages, avec 60 gravures dont 22 hors texte, 1 vue panoramique, 1 carte itinéraire et 2 cartes coloriées. Prix : broché, 3 francs.

Troisième partie : *Creil. — Clermont. — Beauvais et sa région. — Gisors et le Vexin.* — In-16 de 192 pages avec 45 gravures dont 18 hors texte, 1 carte itinéraire et 2 cartes coloriées. Prix : broché. 3 fr.

Les trois parties cartonnées et réunies dans une reliure mobile. 10 fr. 50.

RÉGION DE L'EST

(*En préparation.*)

PARIS

PROMENADES ET EXCURSIONS

DANS LES VINGT ARRONDISSEMENTS

Par Alexis MARTIN

Un fort volume in-16 de 540 pages, avec 61 gravures hors texte d'après les dessins de F. Lix, J. Geoffroy, V. Gilbert, Norbert Gœneutte, Paul Merwart, Jean Béraud, Touchemolin, F. Hoffbauer, H. Laissement, A. Deroy, etc., et 21 plans coloriés, dressés et gravés par E. Morieu. Prix : relié toile, 10 fr.

TOUT AUTOUR DE PARIS

PROMENADES ET EXCURSIONS

DANS LE DÉPARTEMENT DE LA SEINE

Par Alexis MARTIN

Un volume in-16 de xxiv-317 pages, illustré de 20 dessins hors texte de F. Lix, E. Boutigny, N. Gœneutte, J. Geoffroy, Paul Merwart, A. Deroy, A. Charpin, F. Hoffbauer, Touchemolin, de 2 vues panoramiques et de 5 cartes et plans coloriés. Prix : relié toile, 7 fr. 50.

RENSEIGNEMENTS UTILES AUX TOURISTES

DIXIÈME EXCURSION

Arpajon (Seine-et-Oise), chef-lieu de canton, arrondissement de Corbeil, 2 970 habitants (37 kilomètres de Paris).

Moyens de transport : Chemin de fer d'Orléans, banlieue de Paris. Prix : 4 fr. 15, 2 fr. 80, 1 fr. 80 ; aller et retour : 6 fr. 20, 4 fr. 50, 2 fr. 90. Durée du trajet : 1 h. 30. — Tramway à vapeur de Paris à A pajon (Odéon). Prix : 2 fr. 55, 1 fr. 55. Durée du trajet : direct, 1 h. 56 ; omnibus, 2 h. 7.

Hotels : *Chandivert, Boutry, Boudard.*
Libraires : Ve *Mosny, Launois, Borné.*
Foires, jeudi saint, premier dimanche de mai, 24 août.
Marchés, mercredi, bestiaux ; vendredi, grains et légumes.
Poste et télégraphe.

Brétigny-sur-Orge (Seine-et-Oise), canton d'Arpajon, arrondissement de Corbeil, 1 160 habitants (32 kilomètres de Paris).

Moyens de transport : Chemin de fer d'Orléans, banlieue de Paris. Prix : 3 fr. 60, 2 fr. 40, 1 fr. 60. Durée du trajet : trains omnibus : 1 h. 10 ; express : 39 minutes ; direct : 55 minutes.

Poste et télégraphe.

Breuillet (Seine-et-Oise), canton nord de Dourdan, arrondissement de Rambouillet, 611 habitants (41 kilomètres de Paris par la voie ferrée, 30 kilomètres de Rambouillet).

Moyens de transport : Chemin de fer d'Orléans, banlieue de Paris. Prix : 4 fr. 60, 3 fr. 10, 2 francs. Durée moyenne du trajet : 1 h. 26.

Poste : Saint-Chéron (3 kilomètres et demi).
Télégraphe.

Breux-Saint-Étienne (Seine-et-Oise), canton nord de Dourdan, arrondissement de Rambouillet, 350 habitants (36 kilomètres de Rambouillet).

Moyens de transport : Chemin de fer d'Orléans, arrêt en gare de Saint-Chéron (voir cette localité, p. 4).

Poste et télégraphe : Saint-Chéron (3 kilomètres).

Bruyères-le-Châtel (Seine-et-Oise), canton d'Arpajon, arrondissement de Corbeil, 649 habitants (28 kilomètres de Corbeil).

Moyens de transport : Chemin de fer d'Orléans, arrêt en gare de Breuillet (2 kilomètres). Voiture de Breuillet à Bruyères : 30 centimes.

Chilly-Mazarin (Seine-et-Oise), canton de Longjumeau, arrondissement de Corbeil, 396 habitants (20 kilomètres de Corbeil).

Moyens de transport : Chemin de fer d'Orléans, ligne d'Orsay (Luxembourg) et Grande-Ceinture. Prix : 2 fr. 65, 1 fr. 85, 1 fr. 20. Durée du trajet : 50 minutes. — Tramway à vapeur d'Arpajon (Odéon). Prix : 1 fr. 35 ; 80 centimes. Durée du trajet : 1 h. 20.

Poste et télégraphe : Longjumeau (2 kilomètres et demi).

Dourdan (Seine-et-Oise), chef-lieu de canton, arrondissement de Rambouillet, 3 108 habitants [56 kilomètres de Paris par la voie ferrée, 22 kilomètres de Rambouillet].

Moyens de transport : Chemin de fer d'Orléans, banlieue de Paris. Prix : 6 fr. 25, 4 fr. 25, 2 fr. 75 ; aller et retour : 9 fr. 40, 6 fr. 75, 4 fr. 40. Durée du trajet : trains omnibus : 2 h. 17 ; sans arrêt à Brétigny : 2 h. 05 ; direct : 1 h. 34.

Hotels : de *Lyon*, du *Croissant*.

Libraires : *Juliot, Sirugne, E. Tézard fils*.

Voitures publiques pour Rambouillet et Saint-Arnould.

Foires, 23 février, troisième samedi de septembre.

Marchés, troisième samedi de chaque mois, bestiaux ; samedi, graines et denrées.

Poste et télégraphe.

Épinay-sur-Orge (Seine-et-Oise), canton de Longjumeau, arrondissement de Corbeil, 1 868 habitants (24 kilomètres de Paris par la voie ferrée, 18 kilomètres de Corbeil).

Moyens de transport : Chemin de fer d'Orléans, banlieue de Paris. Prix : 2 fr. 70, 1 fr. 80, 1 fr. 20. Durée du trajet : 53 minutes ; trains directs : 33 minutes.

Poste : Savigny-sur-Orge (3 kilomètres).

Télégraphe.

Linas (Seine-et-Oise), canton d'Arpajon, arrondissement de Corbeil, 1 164 habitants (16 kilomètres de Corbeil).

Moyens de transport : Chemin de fer d'Orléans, banlieue de Paris, arrêt en gare de Saint-Michel. Prix : 3 fr. 25, 2 fr. 20, 1 fr. 45. Omnibus de Saint-Michel à Linas : 30 centimes. — Tramway à vapeur de Paris à Arpajon (Odéon). Prix : 2 fr. 10, 1 fr. 30. Durée du trajet : 2 heures.

Poste et télégraphe : Montlhéry (1 kilomètre).

Longjumeau (Seine-et-Oise), chef-lieu de canton, arrondissement de Corbeil, 2438 habitants (18 kilomètres de Paris, 24 kilomètres de Corbeil).

Moyens de transport : Chemin de fer d'Orléans, ligne de Sceaux, Orsay, Limours (gare du Luxembourg), arrêt en gare de Palaiseau (5 kilomètres). Omnibus : 40 centimes. Durée du trajet : 1 heure. Prix (omnibus compris) : 2 fr. 40, 1 fr. 75. 1 fr. 30. Même ligne, avec changement de voiture à Palaiseau sur Grande-Ceinture. Prix : 2 fr. 55, 1 fr. 75, 1 fr. 15. Durée du trajet : 45 minutes — Chemin de fer d'Orléans (quai d'Austerlitz), arrêt en gare de Juvisy, et ligne de Grande-Ceinture, soit 29 kilomètres. Prix : 3 fr. 35, 2 fr. 25, 1 fr. 50. Durée du trajet : 1 h. 40 — Tramway à vapeur de Paris à Arpajon (Odéon). Prix : 1 fr. 50, 90 centimes. Durée du trajet : 1 h. 19.

HOTELS : du *Cadran*, *Saint-Pierre*.
LIBRAIRES : *Morin*, *Boutier*.
LOUEURS DE VOITURES : *Bailleau*, *Auger*.
Marché, mercredi.

Longpont (Seine-et-Oise), canton de Longjumeau, arrondissement de Corbeil, 756 habitants (17 kilomètres de Corbeil).

Moyens de transport : Chemin de fer d'Orléans, arrêt en gare de Saint-Michel, 2 kilomètres (voir cette localité, p. 4). — Tramway à vapeur de Paris à Arpajon (Odéon). Prix : 2 francs, 1 fr. 20. Durée du trajet : 1 h. 30.

Poste et télégraphe : Montlhéry (1 kilomètre et demi).

Marcoussis (Seine-et-Oise), canton de Limours, arrondissement de Rambouillet, 1777 habitants (26 kilomètres de Rambouillet).

Moyens de transport : Chemin de fer d'Orléans, banlieue de Paris, gare de Saint-Michel. Prix : 3 fr. 25, 2 fr. 20, 1 fr. 45. Omnibus : 50 centimes. — Tramway à vapeur de Paris à Arpajon (Odéon). Prix : 2 fr. 25, 1 fr. 40. Durée du trajet : 2 h. 7.

LIBRAIRE : Ve *Dailly*.
Poste et télégraphe : Saint-Michel (6 kilomètres).

Montlhéry (Seine-et-Oise), canton d'Arpajon, arrondissement de Corbeil, 2222 habitants (17 kilomètres de Corbeil).

Moyens de transport : Chemin de fer d'Orléans, banlieue de Paris. Omnibus en gare de Saint-Michel : 30 centimes. — Tramway à vapeur de Paris à Arpajon (Odéon). Prix : 2 fr. 05, 1 fr. 25. Durée du trajet : 1 h. 50.

HOTELS : *Doupé*, *Julien*, Ve *Saignol*, *Petit*, *Bourgeois*.
LIBRAIRES : *Perdrigeon*, *Fays*.
PHOTOGRAPHE : *Flamand*.
VOITURES : *Meyer*.
Marchés, lundi, jeudi, samedi.
Poste et télégraphe : Saint-Michel (2 kilomètres).

Morsang-sur-Orge (Seine-et-Oise), canton de Longjumeau, arrondissement de Corbeil, 892 habitants (17 kilomètres de Corbeil).

Moyens de transport : Chemin de fer d'Orléans, arrêt en gare de Savigny-sur-Orge (voir cette localité, p. 5).

Poste et télégraphe : Savigny-sur-Orge (2 kilomètres).

Ollainville (Seine-et-Oise), canton d'Arpajon, arrondissement de Corbeil, 477 habitants (26 kilomètres de Corbeil).

Moyens de transport : Chemin de fer d'Orléans ou tramway à vapeur d'Arpajon, arrêt à Arpajon (voir cette localité, p. 1).

Poste et télégraphe : Arpajon (2 kilomètres).

Roinville (Seine-et-Oise), canton nord de Dourdan, arrondissement de Rambouillet, 460 habitants (23 kilomètres de Rambouillet).

Moyens de transport : Chemin de fer d'Orléans, arrêt en gare de Dourdan (voir cette localité, p. 2).

Poste et télégraphe : Dourdan (3 kilomètres).

Saint-Chéron (Seine-et-Oise), canton nord de Dourdan, arrondissement de Rambouillet, 1 641 habitants (47 kilomètres de Paris par la voie ferrée, 28 kilomètres de Rambouillet).

Moyens de transport : Chemin de fer d'Orléans, banlieue de Paris. Prix : 5 fr. 25, 3 fr. 55, 2 fr. 30 ; aller et retour, 7 fr. 90, 5 fr. 70, 3 fr. 70. Durée du trajet : 1 h. 40.

Marché, jeudi.
Poste et télégraphe.

Saint-Germain-lez-Arpajon (Seine-et-Oise), canton d'Arpajon, arrondissement de Corbeil, 600 habitants (2 kilomètres d'Arpajon).

Moyens de transport : Chemin de fer d'Orléans ou tramway à vapeur d'Arpajon, arrêt à la halte de Saint-Germain-lez-Arpajon.

Poste et télégraphe : Arpajon (2 kilomètres).

Saint-Maurice (Seine-et-Oise), canton nord de Dourdan, arrondissement de Rambouillet, 340 habitants (50 kilomètres de Rambouillet).

Moyens de transport : Chemin de fer d'Orléans, arrêt en gare de Saint-Chéron (voir ci-dessus cette localité).

Poste et télégraphe : Saint-Chéron (4 kilomètres).

Saint-Michel-sur-Orge (Seine-et-Oise), canton d'Arpajon, arrondissement de Corbeil, 894 habitants (29 kilomètres de Paris par la voie ferrée, 16 kilomètres de Corbeil).

Moyens de transport : Chemin de fer d'Orléans, banlieue de Paris. Prix : 3 fr. 25, 2 fr. 20, 1 fr. 45. Durée du trajet : trains omnibus, 1 h. 4, 55 minutes; trains directs, 45 minutes.

Poste et télégraphe.

Saint-Sulpice-de-Favières (Seine-et-Oise), canton nord de Dourdan, arrondissement de Rambouillet, 234 habitants (36 kilomètres de Rambouillet).

Moyens de transport : Chemin de fer d'Orléans, arrêt en gare de Breuillet (6 kilomètres) ou d'Arpajon, où l'on trouve (hôtel de *la Fontaine*) un service de voitures pour Saint-Sulpice-de-Favières, par Boissy.

Poste et télégraphe : Boissy-sur-Yon (5 kilomètres).

Saint-Yon (Seine-et-Oise), canton nord de Dourdan, arrondissement de Rambouillet, 195 habitants (28 kilomètres de Rambouillet).

Moyens de transport : Chemin de fer d'Orléans, arrêt en gare de Saint-Chéron (voir cette localité, p. 4).

Poste et télégraphe : Saint-Chéron (6 kilomètres).

Sainte-Geneviève-des-Bois (Seine-et-Oise), canton de Longjumeau, arrondissement de Corbeil, 460 habitants (14 kilomètres de Corbeil).

Moyens de transport : Chemin de fer d'Orléans, banlieue de Paris, arrêt en gare de Saint-Michel ; omnibus, 30 centimes.

Poste et télégraphe : Saint-Michel (3 kilomètres).

Saulx-les-Chartreux (Seine-et-Oise), canton de Longjumeau, arrondissement de Corbeil, 1030 habitants (22 kilomètres de Corbeil).

Moyens de transport : Chemin de fer de Ceinture, chemin de fer de Sceaux à Limours, arrêt en gare de Longjumeau. — Tramway à vapeur de Paris à Arpajon (Odéon). Prix : 1 fr. 55, 1 franc. Durée du trajet : 1 h. 30.

Poste et télégraphe : Longjumeau (2 kilomètres).

Savigny-sur-Orge (Seine-et-Oise), canton de Longjumeau, arrondissement de Corbeil, 1684 habitants (13 kilomètres de Corbeil).

Moyens de transport : Chemin de fer d'Orléans, banlieue de Paris. Prix : 2 fr. 45, 1 fr. 65, 1 fr. 10. Durée du trajet : trains omnibus, 48 minutes, 33 minutes; trains directs, 28 minutes.

Poste, télégraphe, téléphone correspondant avec Paris.
Marché, samedi.

Sermaise (Seine-et-Oise), canton nord de Dourdan, arrondissement de Rambouillet, 471 habitants (27 kilomètres de Rambouillet).

Moyens de transport : Chemin de fer d'Orléans, banlieue de Paris. Prix : 5 fr. 80, 3 fr. 95, 2 fr. 55. Durée du trajet : 1 h. 24.

Poste : Dourdan (6 kilomètres).
Télégraphe : Saint-Chéron (4 kilomètres).

Val Saint-Germain (le) [Seine-et-Oise], canton nord de Dourdan, arrondissement de Rambouillet, 530 habitants (22 kilomètres de Rambouillet).

Moyens de transport : Chemin de fer d'Orléans, arrêt en gare de Saint-Chéron (voir cette localité, p. 4).

Poste et télégraphe : Saint-Chéron (7 kilomètres).

Villemoisson-sur-Orge (Seine-et-Oise), canton de Longjumeau, arrondissement de Corbeil, 477 habitants (17 kilomètres de Corbeil).

Moyens de transport : Chemin de fer d'Orléans, arrêt en gare d'Epinay-sur-Orge.

Poste : Savigny-sur-Orge (4 kilomètres).
Télégraphe : Epinay-sur-Orge (1 kilomètre).

Villiers-sur-Orge (Seine-et-Oise), canton de Longjumeau, arrondissement de Corbeil, 260 habitants (19 kilomètres de Corbeil).

Moyens de transport : Chemin de fer d'Orléans, arrêt en gare de Perray-Vaucluse. Prix : 2 fr. 90, 1 fr. 95, 1 fr. 30. Durée du trajet : 1 heure.

Poste : Montlhéry (4 kilomètres).
Télégraphe : Perray-Vaucluse (2 kilomètres).

ONZIÈME EXCURSION

Ablon (Seine-et-Oise), canton de Longjumeau, arrondissement de Corbeil, 900 habitants (15 kilomètres de Paris, 14 kilomètres de Corbeil).

Moyens de transport : Chemin de fer d'Orléans, banlieue de Paris. Prix : 1 fr. 70, 1 fr. 15, 75 centimes. Durée du trajet : 22 minutes. — Chemin de fer de Lyon, gare de Villeneuve-Saint-Georges (voir cette localité, p. 12).

Auberges : *Delaune, Chapelle, Bernier.*
Marché mercredi et samedi.
Poste et télégraphe.

Athis-Mons (Seine-et-Oise), canton de Longjumeau, arrondissement de Corbeil, 1591 habitants (17 kilomètres de Paris, 16 kilomètres de Corbeil).

Moyens de transport : Chemin de fer d'Orléans, ligne de banlieue. Prix : 1 fr. 90, 1 fr. 30, 85 centimes. Durée du trajet : 32 minutes.

Marché, vendredi.
Poste et télégraphe.

Châtillon-Viry (Seine-et-Oise), canton de Longjumeau, arrondissement de Corbeil, 1182 habitants (12 kilomètres de Corbeil).

Moyens de transport : Chemins de fer de Lyon et d'Orléans, arrêt en gare de Juvisy (voir cette localité, p. 8).

Poste et télégraphe : Juvisy (2 kilomètres).

Corbeil (Seine-et-Oise), chef-lieu d'arrondissement, 9 300 habitants (32 kilomètres de Paris, 33 par la voie ferrée).

Moyens de transport : Chemin de fer de Lyon, ligne de Paris à Montargis. Prix : 3 fr. 70, 2 fr. 50, 1 fr. 65; aller et retour, 5 fr. 55, 4 francs, 2 fr. 60. Durée du trajet : 55 minutes.

Hotels : de *la Belle-Image, Bellevue,* du *Moulin blanc.*
Libraires : *Brilvet, Durier, Lemaire.*
Photographe : *Bonnefon.*
Loueurs de voitures : *Villière, Morion.*
Foire, 6 septembre.
Marché, mardi et vendredi.
Poste, télégraphe, téléphone correspondant avec Paris.

Essonnes (Seine-et-Oise), canton et arrondissement de Corbeil, 7 351 habitants (2 kilomètres de Corbeil).

Moyens de transport : Chemin de fer de Lyon, ligne de Paris à Montargis. Prix : 3 fr. 70, 2 fr. 50, 1 fr. 65 ; aller et retour : 5 fr. 55, 4 francs, 2 fr. 60. Durée moyenne du trajet : 1 heure.

HOTELS : *Moriller*, *Boisard*.
LOUEURS DE VOITURES : *Templier*, *Gautier*.
Marché, jeudi et dimanche.
Poste et télégraphe.

Evry (Seine-et-Oise), canton et arrondissement de Corbeil, 1231 habitants (4 kilomètres de Corbeil).

Moyens de transport : Chemin de fer de Lyon, ligne de Paris à Montargis. Prix : 3 fr. 35, 2 fr. 25, 1 fr. 50 ; aller et retour, 5 fr. 05, 3 fr. 65, 2 fr. 35. Durée moyenne du trajet : 50 minutes.

Poste et télégraphe.

Juvisy-sur-Orge (Seine-et-Oise), canton de Longjumeau, arrondissement de Corbeil, 2095 habitants.

Moyens de transport : Chemin de fer de Lyon, ligne de Paris à Montargis. Prix : 2 fr. 45, 1 fr. 65, 1 fr. 10 ; aller et retour, 3 fr. 70, 2 fr. 65, 1 fr. 75. Durée du trajet : 37 minutes. — Chemin de fer d'Orléans, lignes d'Etampes et de Brétigny. Prix : 2 fr. 25, 1 fr. 50, 1 franc. — Durée du trajet : trains omnibus, 40 minutes ; directs, 26 minutes.
HOTELS : *Duboq*, *Delahaye*, *Bénard*.
LOUEUR DE VOITURES : *Dupuis*,
Marché, mercredi et samedi.
Poste, télégraphe, téléphone correspondant avec Paris.

Moulin-Galant (Seine-et-Oise), canton et arrondissement de Corbeil, hameau appartenant à la commune d'Essonnes (36 kilomètres de Paris).

Moyens de transport : Chemin de fer de Lyon, ligne de Paris à Montargis. Prix : 4 fr. 05, 2 fr. 70, 1 fr. 75 ; aller et retour, 6 fr. 05, 4 fr. 35, 2 fr. 85. Durée moyenne du trajet : 1 h. 7 minutes.

Poste et télégraphe : Essonnes.

Paray (Seine-et-Oise), canton de Longjumeau, arrondissement de Corbeil, 47 habitants (19 kilomètres de Corbeil).

Moyens de transport : Chemin de fer d'Orléans, arrêt en gare d'Athis-Mons (voir cette localité, p. 7).

Poste et télégraphe d'Athis-Mons (2 kilomètres).

Petit-Bourg (Seine-et-Oise), commune d'Evry (voir ci-dessus Evry).

Ris-Orangis (Seine-et-Oise), canton et arrondissement de Corbeil, 1412 habitants (20 kilomètres de Paris, 19 kilomètres de Corbeil).

Moyens de transport : Chemin de fer de Lyon, ligne de Paris à Montargis. Prix : 2 fr. 90, 1 fr. 95, 1 fr. 35. Durée moyenne du trajet : 45 minutes.

Poste et télégraphe.

Villeneuve-le-Roi (Seine-et-Oise), canton de Longjumeau, arrondissement de Corbeil, 687 habitants (17 kilomètres de Corbeil).

Moyens de transport : Chemin de fer d'Orléans, banlieue de Paris, gare de Choisy-le-Roi. Prix : 1 fr. 10, 65 centimes, 50 centimes. Voiture en gare de Choisy : 40 centimes. Durée moyenne du trajet : 25 minutes.

Voitures a volonté : *Deux.*

Correspondance avec le chemin de fer.

Poste et télégraphe : Ablon (1 kilomètre et demi),

Wissous (Seine-et-Oise), canton de Longjumeau, arrondissement de Corbeil, 821 habitants (22 kilomètres de Paris, 21 kilomètres de Corbeil).

Moyens de transport : Tramway à vapeur de Paris à Arpajon (Odéon). Prix : 1 fr. 05, 65 centimes. Durée du trajet : 1 h. 6.

Poste et télégraphe : Antony (1 kilomètre et demi).

DOUZIÈME EXCURSION

Grosnes (Seine-et-Oise), canton de Boissy-Saint-Léger, arrondissement de Corbeil, 636 habitants (14 kilomètres de Corbeil).

Moyens de transport : Chemin de fer de Lyon, arrêt en gare de Villeneuve-Saint-Georges (voir cette localité, p. 12).

Poste et télégraphe : Villeneuve-Saint-Georges (2 kilomètres).

Draveil (Seine-et-Oise), canton de Boissy-Saint-Léger, arrondissement de Corbeil, 2107 habitants (10 kilomètres de Corbeil).

Moyens de transport : Chemin de fer de Lyon, ligne de Paris à Montargis. Prix : 2 francs, 1 fr. 35, 90 centimes. Durée du trajet : 30 minutes. — Chemin de fer d'Orléans, arrêt en gare de Juvisy (voir cette localité).

Poste et télégraphe.

Etiolles (Seine-et-Oise), canton et arrondissement de Corbeil, 395 habitants (3 kilomètres de Corbeil).

Moyens de transport : Chemin de fer d'Orléans, changement de voiture à Juvisy. — Chemin de fer de Lyon, arrêt en gare d'Evry (voir cette localité, p. 8).

Poste : Corbeil.

Télégraphe : Evry, Petit-Bourg (2 kilomètres).

Limeil-Brévannes (Seine-et-Oise), canton de Boissy-Saint-Léger, arrondissement de Corbeil, 1 458 habitants (24 kilomètres de Paris, 21 kilomètres de Corbeil.

Moyens de transport : Chemin de fer de Lyon, arrêt à Villeneuve-Saint-Georges. Omnibus de cette gare à Limeil : 60 centimes. — Chemin de fer de l'Est, gare Bastille, ligne de Verneuil-l'Etang. Prix : 1 fr. 70, 1 fr. 15. Durée du trajet : 1 heure.

Poste : Valenton (1 kilomètre).

Montgeron (Seine-et-Oise), canton de Boissy-Saint-Léger, arrondissement de Corbeil (18 kilomètres de Paris, 13 kilomètres de Corbeil).

Moyens de transport : Chemin de fer de Lyon, ligne de Paris à Montereau. Prix : 2 francs, 1 fr. 35, 90 centimes ; aller et retour, 3 fr., 2 fr. 20, 1 fr. 40. Durée du trajet : 35 minutes.

HOTELS : de *la Forêt de Saint-Germain*, *Jullemier*, *Féron*.

Poste et télégraphe.

Morsang-sur-Seine (Seine-et-Oise), canton et arrondissement de Corbeil, 141 habitants (6 kilomètres de Corbeil).

Moyens de transport : Chemin de fer de Lyon, ligne de Montereau par Corbeil. Prix : 4 fr. 50, 3 francs, 2 francs, Durée du trajet : 1 h. 5.

Poste et télégraphe : Corbeil (6 kilomètres).

Petit-Crosnes (Seine-et-Oise). Voir Crosnes.

Saint-Germain-lez-Corbeil (Seine-et-Oise), canton et arrondissement de Corbeil, 581 habitants (1 kilomètre de Corbeil).

Moyens de transport : Chemin de fer de Lyon, arrêt en gare de Corbeil.

Poste et télégraphe : Corbeil.

Saintry (Seine-et-Oise), canton et arrondissement de Corbeil, 626 habitants (2 kilomètres de Corbeil).

Poste et télégraphe : Corbeil.

Seine-Port (Seine-et-Marne), canton nord et arrondissement de Melun, 749 habitants (10 kilomètres de Melun).

Moyens de transport : Chemin de fer de Lyon, ligne de Paris à Fontainebleau, arrêt en gare de Cesson. Prix : 4 fr. 25, 2 fr. 85, 1 fr. 85. Omnibus pour Seine-Port, 75 centimes. Durée du trajet : 1 h. 40. — Chemin de fer de Lyon, ligne de Montereau par Corbeil. Prix : 5 fr. 35, 3 fr. 55, 2 fr. 35. Durée du trajet : 1 h. 15.

Loueur de voitures : *Parent.*

Poste et télégraphe : Cesson (4 kilomètres et demi).

Soisy-sous-Étiolles (Seine-et-Oise), canton et arrondissement de Corbeil, 1533 habitants (4 kilomètres de Corbeil).

Moyens de transport : Chemin de fer de Lyon, ligne de Corbeil, arrêt en gare d'Evry (voir cette localité).

Marché, mercredi.

Poste et télégraphe : Évry.

Valenton (Seine-et-Oise), canton de Boissy-Saint-Léger, arrondissement de Corbeil, 861 habitants (21 kilomètres de Paris, 15 kilomètres de Corbeil).

Moyens de transport : Chemin de fer de Lyon, arrêt en gare de Villeneuve-Saint-Georges. Omnibus de cette gare à Valenton : 50 centimes.– Chemin de fer de l'Est, gare Bastille. Prix : 3 fr. 70, 2 fr. 50, 1 fr. 65.

Poste et télégraphe : Limeil.

Vigneux (Seine-et-Oise), canton de Boissy-Saint-Léger, arrondissement de Corbeil, 412 habitants (12 kilomètres de Corbeil).

Moyens de transport : Chemin de fer de Lyon, ligne de Paris à Montargis. Prix : 2 francs, 1 fr. 35, 90 centimes. Durée du trajet : 30 minutes.

Poste et télégraphe : Draveil.

Villeneuve-Saint-Georges (Seine-et-Oise), canton de Boissy-Saint-Léger, arrondissement de Corbeil, 5193 habitants (17 kilomètres de Paris, 10 kilomètres de Corbeil).

Moyens de transport : Chemin de fer de Lyon, ligne de Paris à Montereau. Prix : 1 fr. 70, 1 fr. 15, 75 centimes; aller et retour, 2 fr. 50, 1 fr. 80, 1 fr. 20. Durée du trajet : 30 minutes.

Hotels : *Grand-Hôtel du Cygne, de Paris, de Lyon,* du *Pont-de-Fer,* du *Petit-Matelot.*

Libraires : *Dumont, Pousset.*

Loueur de voitures : *Dujat.*

Marché, mercredi, samedi.

Poste et télégraphe.

Yères (Seine-et-Oise), canton de Boissy-Saint-Léger, arrondissement de Corbeil, 1683 habitants (13 kilomètres de Corbeil).

Moyens de transport : Chemin de fer de Lyon, ligne de Paris à Montereau, arrêt en gare de Montgeron. Prix : 2 francs, 1 fr. 25, 90 centimes; omnibus de Montgeron à Yères, 30 centimes en semaine, 40 centimes le dimanche.

Poste et télégraphe : Montgeron.

PARIS. — TYPOGRAPHIE A. HENNUYER, RUE DARCET, 7.

www.ingramcontent.com/pod-product-compliance
Lightning Source LLC
LaVergne TN
LVHW050535100826
845148LV00002B/563

* 9 7 8 2 0 1 2 5 7 5 4 8 6 *